「首相公邸の幽霊」の正体

東條英機・近衛文麿・廣田弘毅、
日本を叱る！

大川隆法
RYUHO OKAWA

本霊言は、2013年7月10日（写真上・下）、幸福の科学総合本部にて、
質問者との対話形式で公開収録された。

まえがき

首相公邸には幽霊が出るという。歴代総理や総理夫人の証言もある。安倍首相は、「公式には認められない。都市伝説の一種でしょう。」といった趣旨の答弁で切り抜けたが真相はどうか。最初は「夏休み納涼企画」「お楽しみ企画」「負け惜しみ企画」（野田民主党元首相風の感じで言えば）、ぐらいの軽い企画趣旨で臨んだ。私も『ネバダ州米軍基地「エリア51」の遠隔透視』（幸福の科学出版刊）、『遠隔透視 ネッシーは実在するか』（同）なども出しているので、首相公邸の遠隔透視など、さほど困難ではない。「五・一五」事件や「二・二六」事件の将校や殺された側の首相や警官でも出てくるものと思って好奇心の気持ちで始めた。ところがどっこい、内容はとてもシーリアスな、重いものになった。日本の二度目の敗戦をくい止めるべく、先の大戦でA級戦犯として処刑されたか、もしくは、自決した三人の元首相が、霊と化していまだ会議をしていたのだ。

詳細は本書をお読み頂くしかないが、単に安倍首相の軍国主義化を批判するために出す本ではないのは確かである。

二〇一三年　七月十一日

幸福の科学グループ創始者兼総裁　大川隆法

「首相公邸の幽霊」の正体　目次

まえがき　1

「首相公邸の幽霊」の正体

―東條英機・近衛文麿・廣田弘毅、日本を叱る！―

二〇一三年七月十日　収録
東京都・幸福の科学総合本部にて

1　「首相公邸の幽霊」を透視する　16
「幽霊話」の絶えない首相公邸　16
「庭には『軍人の幽霊』が大勢いる」という噂　20
数多くの幽霊の存在を透視で確認　26

統治の側にいるような「軍服姿の人物」が視える　29
「幽霊の中心人物」の特定を試みる　34
首相公邸の幽霊の正体は「東條英機」　43
東條英機以外に「廣田弘毅」「近衛文麿」もいる　46
「三人以外のメンバー」について探る　50
日本の国についての〝幽霊による閣議〟が続いている　54

2

「日本の行く末」を憂える近衛文麿　60
まずは、近衛文麿元首相を招霊する　60
「二十一世紀の〝大日本帝国〟の中心にいる」との認識　61
三人で安倍首相の〝家庭教師〟をやっている　64
今、議論しているのは「日本の方針」　68
「このままでは、この国は終わる」という危機感　70
三人の元首相のなかで「主導権争い」がある？　72

チャネラーに「インテリ」を求める近衛文麿　74
敗戦の流れをつくったという汚名は「誤解である」　76
本心は「大国との融和」であり「開戦」ではなかった　78
ソ連との関係は方便で、本当に願っていたのは「日米同盟」　82
近衛元首相が心の底から尊敬していたのは「明治帝」　86
首相辞任後、「昭和帝とのパイプ役」で使われていたら？　89
「昭和帝に戦争責任を負わせられない」という思いでは一致　90
「近衛文麿霊の現状」については、もっと〝測量〟が必要　92
戦前・戦中の流れから「戦争責任」を考える　95
アメリカ寄りの蔣介石は「信用できなかった」　100
「私は昭和帝を守った」という信念　103
「中国から仕掛けてきた」のが盧溝橋事件の真実　104
「自虐史観で国民を貶めるとは何事ぞ！」と一喝　107

マッカーサーを追い込んだあたりが和平のチャンスだった　110
対日石油禁輸で「開戦は避けられない」と判断　112
対米和平を許さなかった朝日新聞をはじめとする日本の風潮　115
盟主・日本の繁栄なくしてアジアの繁栄もない　119
今、必要なのは、「日本の誇り」を取り戻すこと　122

3 「憲法改正」を目指す廣田弘毅　128

『落日燃ゆ』の主人公・廣田弘毅元首相を招霊する　128
「この国の舵取りを誤れば敗戦に至る」と断言　129
改憲派の〝本尊〟が安倍首相にアドバイス　134
「まず憲法九十六条改正」という動きをどう思うか　137
「岸首相のころから指導していた」と明かす廣田元首相　138
憲法改正反対を唱える「日和見政党」との連立などありえない　140
首相公邸に張り付いて「ぶれる首相」を集中指導中　141

聖徳太子以降、日本の国是は「憲法」にある 143
法律を大事にしてきた文民として許せなかった不公平裁判 145
明治維新以来の「国家分裂の危機」に揺れた二・二六事件 146
「昭和十年代の日本」の不穏な空気 149
外務大臣・幣原喜重郎の死後の消息は？ 150
もしも「日英同盟」が復活していたら大戦は回避できた？ 152
日清・日露戦争の連勝で既定路線となった「日本叩き」 155
「廣田が軍部の独走を許した」という批判に答える 157
すでに開戦の四十年前から決まっていた「日米覇権戦争」 159
高潔な日本人を一方的に貶めた「東京裁判」への憤り 161
「今でも家内を愛しておる」と感謝を口にする 163
国際的視野を持ち、国を担う若者の輩出が「廣田の遺言」 164

4 「中心人物」は東條英機 168

大反響を呼んでいる前回の「東條英機の霊言」 168
戦後の決算が終わるまで「敗戦責任は自分一人で背負う」 171
首相公邸での〝指揮〟は東條英機が中心に執っている 173
近衛・廣田元首相との役割分担 176
ヒトラー・ムッソリーニと同列に並べられることへの憤慨 179
ポピュリズムの安倍首相を「羽交い締めしている」 183
「歴史認識の誤りから来る人々の恨み」が地獄にいる原因 185
石原慎太郎氏は「間違っていない」が、橋下徹氏は「論外」 187
オバマ大統領の続投は「決定的な判断ミス」 191
経済に疎い習近平体制下の中国は「まもなく崩壊する」 193
社会の木鐸であるマスコミは「公平に報道せよ」 195

5 安倍首相守護霊に「国を守る気概」を問う 198

できるかぎり「ハトの顔」をしなければ選挙に勝てない 198

憲法改正を三年後に延ばすかどうかで「揺れている」 202
「国防問題」に触れることによる支持率低下を心配 205
外交・国防問題については、「まあ、大丈夫でしょ？」 208
左翼系マスコミの「支持率操作」を極度に恐れる 210
「ねじれ解消」を勝敗ラインと考え、憲法改正から逃げている 214
北朝鮮問題には、「毅然とした態度で交渉する」？ 218
「理念が違う公明党」と連立を続ける理由 222
「経済成長」しか頭にない様子の安倍首相守護霊 224
自民党の後継者は、「三年以内に出てくればいい」 226
「幸福実現党の政策」に頼り切っている安倍首相守護霊 230
安倍首相は「マスコミ時代の政治家」にすぎないのか 233
客観的には厳しい状況が続く幸福実現党 235
クオリティ的に憲法改正まで行けない安倍首相 238

あとがき　242

「霊言現象」とは、あの世の霊存在の言葉を語り下ろす現象のことをいう。これは高度な悟りを開いた者に特有のものであり、「霊媒現象」（トランス状態になって意識を失い、霊が一方的にしゃべる現象）とは異なる。

また、人間の魂は原則として六人のグループからなり、あの世に残っている「魂の兄弟」の一人が守護霊を務めている。つまり、守護霊は、実は自分自身の魂の一部である。したがって、「守護霊の霊言」とは、いわば本人の潜在意識にアクセスしたものであり、その内容は、その人が潜在意識で考えていること（本心）と考えてよい。

なお、「霊言」は、あくまでも霊人の意見であり、幸福の科学グループとしての見解と矛盾する内容を含む場合がある点、付記しておきたい。

「首相公邸の幽霊」の正体

――東條英機・近衛文麿・廣田弘毅、日本を叱る！――

二〇一三年七月十日　収録

東京都・幸福の科学総合本部にて

近衛文麿（一八九一～一九四五）

政治家。公爵。戦前、三度にわたり内閣総理大臣に指名され、国家総動員法の成立、日独伊三国同盟の締結、大政翼賛会の創立などを行った。戦後、戦犯容疑者としてGHQから出頭命令を受け、服毒自殺した。

廣田弘毅（一八七八～一九四八）

外交官・政治家。東京帝大法科大学（現・東大法学部）を卒業し、外務省に入る。一九三六年、内閣総理大臣となり、軍部大臣現役武官制を復活させるなど、軍部の意に追随した。戦後、A級戦犯として文官でただ一人絞首刑に処せられた。

東條英機（一八八四～一九四八）

軍人・政治家。陸軍大将。一九四一年、内閣総理大臣に就任。太平洋戦争開戦の最高責任者として、複数の大臣、参謀総長を兼任した。サイパン島陥落直後に総辞職。戦後、A級戦犯として絞首刑に処せられた。

安倍晋三（一九五四〜）　※霊言は守護霊

政治家（衆議院議員）、自由民主党総裁。祖父は元首相の岸信介、父は元外相の安倍晋太郎。二〇〇六年九月、内閣総理大臣（第90代）に就任し、わずか一年で辞任したが、二〇一二年十二月、再び内閣総理大臣（第96代）に就任した。

質問者　※質問順

里村英一（幸福の科学専務理事・広報局担当）

天雲菜穂（幸福の科学第一編集局長）

綾織次郎（幸福の科学上級理事 兼「ザ・リバティ」編集長）

小林早賢（幸福の科学広報・危機管理担当副理事長）

［役職は収録時点のもの］

1 「首相公邸の幽霊」を透視する

「幽霊話」の絶えない首相公邸

大川隆法　冗談が過ぎるかとは思いますが、このテーマは、今年の五～六月ごろから、繰り返し、ときどき出てきておりまして、過去二回は却下しているのですけれども、今日で三回目になるので、少し、やってみようと思います。

最近、何かの記事で読んだのですが、安倍首相は、少し前、首相公邸の幽霊に関する質問を受けたとき、「公式には認められない。都市伝説の一種のようなものだ」という言い方をしていました。

また、森元首相も、「以前、首相公邸に住んでいたとき、足音だけを聞いたことがある」と語っているようです。歴代首相や、その首相夫人などが、「幽霊を見た」とか、「軍靴のような靴音を聞いた」とかいう話が長く続いているため、何者かは存在するのではないでしょうか。

今日は、総合本部が丁寧にも〝幽霊候補〟を十三人も挙げてきてくれています（笑）。二・二六事件の首謀者として処刑された軍部の人や、暗殺された側の人、あるいは、首相経験者では、戦後、自殺したり処刑されたりした人から、いちばん新しい人では、〝死にたて〟の小渕恵三さんまで、「無念であろう」という噂のある人がリストに入っています。

もし、数が大勢だった場合は大変なことになりますが、そんなに大勢いない場合は、いわゆる首謀者というか、中心が誰かを突き止めれば、どうにかなると思います。場合によっては、首相公邸から〝わが家〟のほうに移動される可能性もなきにしもあらずなので、私にとっては、あまり、うれしい企画ではありません。

今回の内容によっては、今後、総理がお住みになるのが非常に厳しくなることもありうるでしょう。ただ、このテーマが繰り返し出てくるところを見ると、歴史認識とか、「先の戦争は侵略かどうか」とか、「軍部が独走したかどうか」とか、あるいは、村山談話や河野談話とか、こうしたものとつながっている感じがしてしかたがないのです。

安倍さんは、首相公邸になかなか入りたがらないようですが、この本が出ることによって、どのようになるかは分かりませんが、公式には、「いない」ということになっているので、「構わない」と言えば、構わないのでしょう。

民主党最後の総理になった野田さんも、駅前演説で、「最近、私も、『幽霊が本当に出るんですか』と訊かれます」と言っているようです。「『私は見ていません。幽霊より怖いのは人間です』というジョークを言って、誰も笑わなかった」という記事が新聞に載っていたのですが、やはり、みな、気にしているのでしょう。

まあ、私以外に分かる人はいないでしょうから、今日は、できれば、霊査し、もし、成仏させられるなら、させてしまいたいと思います。

あるいは、そこに宿主として住んでいる場合、日本の国の舵取りに影響を与えている可能性もないとは言えないので、そのときは、尋問しなければいけないでしょう。

国家観や歴史観に影響を与えているのであれば、幸福実現党にもかかわってくるので、尋問しなければならないこともありうると思います。

ただ、首相や軍人等の偉い人以外に、警察官等もいろいろと殺されているため、その他大勢が出てきた場合には、何が何だか分からない可能性もあるかもしれませんが、おそらく、中心人物がいるのではないでしょうか。

お楽しみのために、事前調査はしておりません。「生」のほうが面白いと思います。何が出てくるでしょうか。

相手が確定し、私のほうが少し疲労すると見た場合は、チャネラーに入れることも検討しています。もっとも、手強すぎるようであれば、ちょっと、それはできないのですが、他の人に入れる場合は、宗教家としての能力を試す意味でも、その霊を説得できるかどうか、やってもらいましょう。それも、また、乙なことかと考えます。

今年の夏は暑く、梅雨が明けたと思ったら、昨日までの三日間、猛暑が続いています。東京で七月上旬に、三日連続で、最高気温が三十五度を超える「猛暑日」となったのは、百四十年近い観測史上、初めてのことだそうです。まあ、今日も暑そうですね。

今、一部の人たちが、原発反対運動をしていますが、もしかしたら、天意によって、梅雨明けが早まり、猛暑が来て、デモなどができないようにしているのかもしれません。

一方、私のほうは、今、これで、人為的に〝クーラー〟をつくろうとしているところです。「この本を枕元に置いて寝れば、夜も涼しく眠れる」というキャッチコピーで、この本をＰＲし、読んでもらってもよいでしょう（会場笑）。あるいは、夏休み企画で、この収録を観ていただいても構わないと思います。

「庭には『軍人の幽霊』が大勢いる」という噂

大川隆法　（手を一回打つ）それでは、そろそろ行きましょうか。（質問者に）どんな感じで行きましょうか。

（モニターを見て）これを見ながら、話せばよいのでしょうか（写真①）。

写真①　上空から見た首相官邸（左上）と首相公邸（右下）。

今、映っているのは何ですか。

天雲　ヘリポートのあるほうが官邸です。

大川隆法　新しい所ですね？

里村　はい。そして、右下にあるのが、問題の公邸になります。

天雲　アップにすると、こんな感じになります（写真②）。

里村　「建物のなかで見た」という話もあれば、「庭のほうで見た」という話もあります。

写真②　首相公邸。

天雲　羽田元首相の奥様が……。

大川隆法　ああ、言っていましたね。

里村　ええ。確か、「庭のほうで見た」と……。

綾織　もともとは、ここに公邸が建っていました（図解③）。新しい官邸をつくるときに、古い公邸を壊しまして……。

大川隆法　動かしたわけですね?

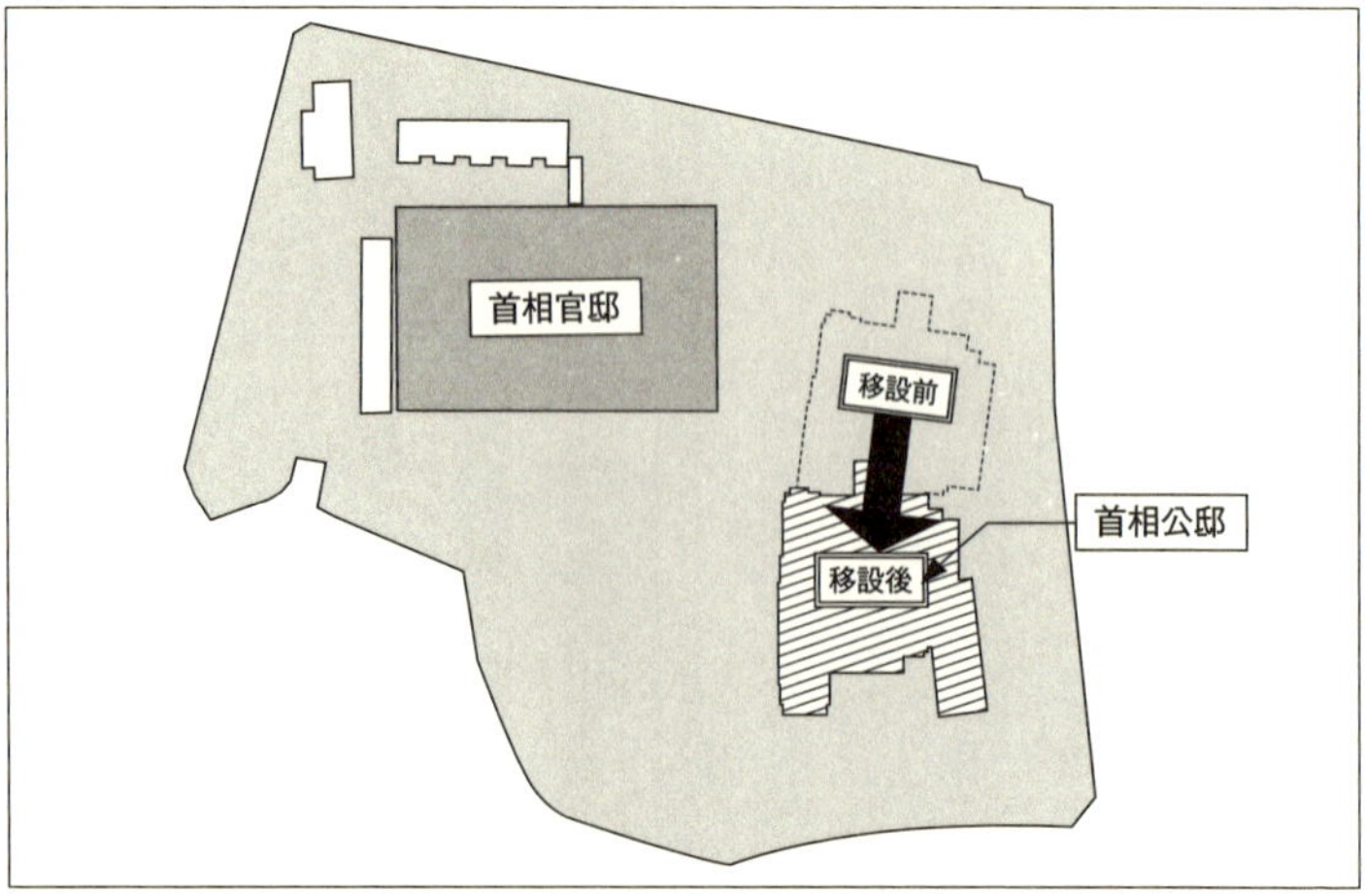

図解③　首相官邸と首相公邸の位置関係。首相公邸の建物は、2005年、現在の場所に移設された。

綾織　はい。以前、官邸として使っていた建物を動かして、今、公邸として使っているわけです。

大川隆法　いわゆる〝記念物〟だから、壊さずに動かしたわけですね。

里村　はい。

大川隆法　うんうん。そうらしいですね。ハハハハ。

天雲　幸福実現党の党本部ビルが近くにあります。

大川隆法　幸福実現党も近いのですか。もしかしたら、これは、宗教政党が進出する理由になるかもしれません（笑）。「公邸の不成仏霊（ふじょうぶつれい）を祓（はら）わなければならない。ほかの人が住むとやられるので、やはり、宗教政党でなければ無理ではないか」という、意外な正当性、大義名分がありうるかもしれませんね（会場笑）。

天雲　はい。たいへん近くでございます。

大川隆法　そうですか。（モニターを見て）どのあたりが分かりやすいですか。

天雲　もっとクローズアップして、目撃証言のある庭あたりを見てみましょうか。

大川隆法　まあ、設計図が見えないから、あれですが……。さあ、十三人のリストに入っている人が出てくるかどうか。

里村　間取り図などは、安全上、発表されていないようです。

大川隆法　ああ、なるほど。出さないのですね。

天雲　羽田元首相夫人は、霊能者から、「庭に軍服を来た人たちがたくさんいる」と言われ、お祓いをしたそうですが、その庭には、何人かいるかもしれません。

大川隆法　その場合は、だいたい軍人でしょう。軍人以外にも、警察官も殺されていますよね？

里村　はい。そうです。

大川隆法　そのへんの人たちなら、名前までは分からないかもしれませんが、思想的な影響はあまりないだろうと思います。

ただ、元総理とかになってくれば、影響があるかもしれません。あるいは、軍隊のほうの中心人物とか、理論的指導者とかであれば、影響力をまだ持っている可能性はありますね。

里村　はい。

数多くの幽霊の存在を透視で確認

大川隆法　とりあえず、入りましょうか！　はい、行きます！　ネス湖よりは近いと思います（笑）（前掲『遠隔透視　ネッシーは実在するか』参照）。

里村　よろしくお願いいたします。

大川隆法　いやあ、暑いので、私も弱っているんですよ（笑）。まだ大丈夫かな。まあ、負けたくありませんが、やってみましょう。

（両手を顔の前で交差し、瞑目する）

それでは、首相公邸の幽霊を霊視する企画にて、「首相公邸のなかに、現在の政局に影響を与えたり、歴代首相に影響を与えたりしているような者が住んで、徘徊しているかどうか。この周辺に、地縛霊として、あるいは不成仏霊として存在しているかどうか」について透視に入ります。

（約二十秒間の沈黙）

まずは庭の所が視えますね。うーん。上から、まずは庭の所が視えてきます。ああ、位置が少し変わっているのでしょうか。そうですね。何かが建っていたような、跡が空いた感じに視えるので、位置が変わっているのかもしれません。

里村　建物が移動する前の場所でしょうか。

大川隆法　そうかもしれませんね。何か、四角くて平たい感じのものが視えます。もしかしたら、今、位置は少しずれているかもしれません。

（約十秒間の沈黙）

さあ、首相公邸のなかに住みたる者よ。首相公邸のなかに住みたる者よ。そのなかに宿りて、もし日本の政治に何らかの影響を与えている者がいるならば、その姿を現したまえ。言いたいことがあるなら、今日は、それを伝えるチャンスです。その姿を現したまえ。

（約十秒間の沈黙）

数多くいる場合は、できるだけ、上の人から出てきてください（笑）。上の人からお願いしたいと思います。

では……。ちょっと待ってください。交通整理が……。あのー、いっぺんは駄目です（笑）。いっぺんは駄目ですから、もう少し整理をお願いしたい。

（約五秒間の沈黙）

統治の側にいるような「軍服姿の人物」が視える

大川隆法　うーん……。今、視えている人は、軍服を着ていますね。いちおう軍服を着て、帽子をかぶっています。帽子には、赤線のようなものが入っていて、ちょっと、金のような線も入っているように視えます。肩には、何か、偉い人がつけるようなものがついています。そして、下のほうのズボンは、横に少し膨らみがあるような感じです。何だか、乗馬とかをするときのようなズボンで、顔には眼鏡をしています。

里村　眼鏡ですか。

大川隆法　眼鏡をしていて、うーん……、そうですね、着ている上の服は何だろう？　これは、カーキ色に近いのだろうか。なんだか、いわゆる軍服の色に近いのですが、これは軍服でしょうか。

　まあ、カーキ色かどうか、はっきりとは分かりませんが、緑と茶色の間のような感じの色で、やや、金ボタンのようなものも視えます。あと、赤いものも、ちょっと、視えます。金も視え、赤も視えます。

　金ボタンのようなものがあって、下のズボンには、少しだけ膨らみがあるから、これは、乗馬をすることを意味していると思います。馬に乗るわけですね。

　そして、手には、杖（つえ）か鞭（むち）かは分かりませんが、何かを持っています。うーん、杖か鞭か、どちらかです。鞭かな？　杖かな？　何かを持っていますね。ええ。何かを持っているような感じがします。でも、細いから、うーん……。サーベルはついています。別に、サーベルがついていますね。ああ、サーベルを下げているから、「馬に乗る」ということでしょう。この人は、おそらく、馬に乗る人ですね。

里村　そうすると、それなりの立場の方ですね？

大川隆法　まあ、馬に乗って、（敬礼のしぐさをする）こういう感じで回るのではないでしょうか。これは、かなり偉いほうの人ですね。誰でしょうか。

里村　そのスタイルからすると、帝国陸軍（ていこく）の軍人ですね？

大川隆法　軍人か政治家か、微妙（びみょう）ですね。当時の政治家には、軍人と似たような格好をしている人も多いので……。

里村　ピストルとかは持っておりませんでしょうか。

大川隆法　今のところ、ずばり、ピストルは視えません。うーん。しかし、馬はですねえ、やや白っぽい色です。そういう馬にまたがる感じがありますね。

ああ、マントを着る場合もあるんですね。馬に乗っているときに、マントを着る場合もあります。マントのようなものもあります。

それから、馬は、真っ白ではないかもしれません。ブチがあって、ブチには、やや灰色のような色の入っているものが多いような気がします。

今、そういうシーンが幾つか視えてきます。

しかし、この顔立ちは、見た覚えがあります。この顔立ちは、見た覚えがどうしてもありますね。

今、公邸には、幽霊が幾人かいると思いますが、この人が、主というか、主でしょうか。どうでしょうか。

（約五秒間の沈黙）

どうしても、馬に乗る感じがします。いちおう軍人姿ではありますが、ただの軍人ではないと思います。やはり、統治の側のような気がします。

里村　「マントをつけて馬に乗る」となると、かなりの方でございますね。

大川隆法　ええ。マントをつけるのは季節が変わった場合だと思われます。季節が寒くない場合には、つけていない姿も視えますから。

里村　鼻の下に髭(ひげ)を生やしておりますか。

大川隆法　髭は、生えているんですよ。ちょび髭みたいな……。

里村　ちょび髭でございますね。面長(おもなが)でいらっしゃいますか。

大川隆法　これを面長と言うのでしょうか。微妙です。面長と言うかどうか。うーん。

面長という表現に当たるかどうか、ちょっと分かりません。
　私も、全員の顔を知っているわけではありません。まあ、小渕さんでないことは間違いないですよ。それは間違いありませんが、戦前の軍人や政治家が、それぞれ、どのような顔をしていたかまでは分からないので……。

綾織　事件に絡んでいるとすれば、二・二六事件でしょうか。あるいは、それより、もっとあとでしょうか。

大川隆法　まあ、あとは、直接、話をするしかないです。このリストのなかには、いないかもしれません。

「幽霊の中心人物」の特定を試みる

大川隆法　（モニターに映った安藤輝三の顔写真を見て）あっ、しかし、何か、出てきましたね。

綾織　これは、安藤輝三という二・二六事件の首謀者の一人です。

天雲　赤いラインの帽子をかぶっています。

大川隆法　ラインはあるけど、髭はありませんね？

綾織　二・二六事件の首謀者として、磯部浅一という人もいます。

大川隆法　（磯部浅一の顔写真を見て）ああ、若いですね。これは若いです。幽霊は、もう少し年を取っているように視えます。

里村　若いときの写真かもしれません。

大川隆法　なるほど。

里村　（村中孝次の顔写真を見て）村中孝次。この人も、二・二六事件の首謀者として処刑されています。

天雲　眼鏡をかけていませんね？

大川隆法　ええ。（里村に）あなたの若いときのような顔ですね。

里村　え？　いやあ（笑）（会場笑）。

大川隆法　少し違いますね。もう少し威厳がある感じです。

（モニター上で幾つかの顔写真が連続して切り替わる）

ちょっと待ってください。

里村　待ってください。近衛(このえ)さんに戻(もど)してください。

大川隆法　（近衛文麿(ふみまろ)の顔写真を見て）これは近衛ですか。近衛ではないような気が……。ちょっと違います。顔が違うかな。ちょっと顔が違うような気がします。

天雲　五・一五事件で暗殺された犬養(いぬかい)首相も違うでしょうか。

大川隆法　（犬養毅(つよし)の顔写真を見て）犬養ですか。髭は生やしていますが、うーん、犬養では……、

（松尾伝蔵(まつおでんぞう)の顔写真を見て）これは誰でしょうか。

天雲　松尾伝蔵です。

大川隆法　着ている服は少し似ています。

里村　この人は、岡田啓介(おかだけいすけ)首相の義弟(ぎてい)で、二・二六事件のとき、岡田首相と勘違(かんちが)いされて殺されています。

大川隆法　着ている服は、少し感じが似ていますが……。リストのなかに入っていないかもしれません。

里村　二・二六事件を起こした若手将校ではないようです。

大川隆法　そんなに若くはありませんね。

天雲　西田税も違いますね。

大川隆法　（西田税の顔写真を見て）これは誰ですか。

天雲　西田税です。

里村　田中義一首相を出してください。

大川隆法　（田中義一の顔写真を見て）うーん、違います。

天雲　では、どなたを出しましょうか。

綾織　板垣征四郎は、どうでしょうか。

大川隆法　（板垣征四郎の顔写真を見て）うーん。幽霊の髭は、けっこう威厳のある髭なんですよ。この髭は、ちょっと、「ヒトラー髭」ですね。

（モニターに、板垣征四郎の別の顔写真が映る）

天雲　同一人物です。

里村　東京裁判のときのものです。

大川隆法　ちょっと、ちょび髭ですね。まあ、（前の写真と）変わっているかもしれませんが、視えているのは、もう少しピンと張っているような髭です。ヤギ髭に近いですのですが。

里村　松井石根（まついいわね）はどうでしょうか。

大川隆法　（松井石根の顔写真を見て）ああ、髭は、ちょっと近いですね。松井石根は、このリストのなかに出ていますか。

里村　このなかには、名前は載っていません。この人は、戦後、いわゆる南京事件の責任を問われ、B級戦犯として処刑されています。

大川隆法　そうですか。雰囲気は少し似ていますね。しかし、幽霊は、もう一段、眼光が鋭いような気がします。この人は大将ですか。

里村　はい。

大川隆法　大将なら、確かに、そこそこの威厳はあるかもしれません。うーん、待てよ。

首相公邸に住みたる幽霊よ。首相公邸に住みたる幽霊よ。その中心的人物よ。中心的人物よ。

どうぞ、その姿を現したまえ。もう少し明確に現してください。

松井石根大将ですか。どうですか。

（約五秒間の沈黙）

違いますね。うーん。もう少し偉いかもしれません。

首相経験者の顔を、もう一回、出せますか。

里村　もう一度、申し上げますと、まず、田中義一首相はいかがでしょうか。

大川隆法　（田中義一の顔写真を見て）顔が変化しているかもしれないので、もう一回、調べてみましょう。少し待ってくださいね。田中義一……。

（約十秒間の沈黙）

ちょっと、違いますね。こういう人とは違うようです。

首相公邸の幽霊の正体は「東條英機」

里村　それでは、東條英機首相では？

大川隆法　うーん……、少し似ている感じがします。この人の写真はありますか。

里村　はい。

大川隆法　（東條英機の顔写真を見て）頭が坊主になっていますね。うーん。

東條英機よ。東條英機よ。もうすでに呼んでいますが、もしかして、「そこに、お住まい」ということはありますか。

（約二十秒間の沈黙）

うーん。うーん。うーん。どうも、それらしい感じがする（笑）。うーん。ここにお住まいなんですか。まさか……（笑）。ちょっと驚きですが、そこにお住まいですか……。

里村　東條英機は、二・二六事件の若手将校たちとは、逆の立場です。要するに、彼らを犯罪者として追いやった立場ですから。

大川隆法　ここに、お住まいですか。ここにお住まい？　ほお。

（若手将校とは）どういう関係になるのでしょう？　そうすると、あちらの世界では、反乱者のほうは、どうなったのでしょうか。死刑になった人たちは、どうなったのでしょう?

里村　二・二六事件が起きて、皇道派青年将校が、みな断罪され、結果として統制派が……。

大川隆法　勝ちましたよね。

里村　はい。勝って、統制派のホープとして、東條英機が……。

大川隆法　そうですね。あれで、皇道派は壊滅したはずです。皇道派は、天皇陛下を担いで、天皇親政による社会主義的な国家改造をやろうとしていたのです。そうした皇道派の理論的指導者は、北一輝でしたか。

里村　はい。北一輝です。

大川隆法　「そうした人たちが、公邸の幽霊か」と思っていたら、「統制派のほうが主だった」ということになるわけですね。なるほど。
東條英機は、最近、霊言を収録し、本を出していますが（『公開霊言　東條英機、「大東亜戦争の真実」を語る』〔幸福実現党刊〕参照）、そうですか。もしかすると、公邸というか、官邸にお住まいなのですか。

東條英機以外に「廣田弘毅」「近衛文麿」もいる

綾織　「なぜ、いらっしゃるのか」など、お訊きできるような感じでしょうか。

大川隆法　ああ。それはできます。訊いてみますよ。何か質問がありましたら、訊きますけれども。

綾織　二・二六事件を起こした反対の派閥の人たちと一緒にいると思うのですが、その理由は何でしょうか。

大川隆法　反対の人たちと一緒にいるのは、どういう考えですか。

（約五秒間の沈黙）

「もし皇道派のほうが勝っておった場合は、天皇陛下は処刑されているだろう」と言っています。

里村　それは、東京裁判の結果ですね？

大川隆法　うーん、「天皇陛下は処刑されて、皇室はなくなり、今、ないはずだ」と言っています。

「自分が悪者になっているかもしれないし、『完全に百パーセント、そういうつもりだった』と言えるかどうかは分からないけれども、結果的には、自分のほうが責任をかぶったかたちにはなっている。皇道派が勝っていれば、（戦後）昭和天皇は処刑されている。あれは歴史の分岐点であり、たとえ天皇親政でやったほうがうまくいったとしても、それは、天皇を本当の意味での元首として、国家と戦争について全部の責任を負わせる体制になるスタイルだった」と言っていますね。
「だから、われらが代わりに……」、まあ、ほかにも何人かいるようですが、「一緒に身代わりで責任を取ったんだ」ということを言っています。

綾織　一緒にいるのは、どういう方々でしょうか。

大川隆法　このあと、首相官邸や公邸周りが、たいへん使いにくく、住みにくくなると思うのですが、一緒におられるのは、どういう方々でしょうか。
「反乱を起こしたほうではなかった」ということでしたね。「反乱を起こしたほうか」と思っていたので、驚きですが、「この人（東條英機）がいる」ということは、あとは、どういう人ですか。

「廣田弘毅（ひろたこうき）」。

里村　え？　廣田弘毅……。

大川隆法　「廣田弘毅」。それから「近衛文麿（このえふみまろ）」。

いやあ、このへんは、みな、本当の意味での責任者たちですね。

里村　廣田弘毅さんは、Ａ級戦犯として処刑された唯一（ゆいいつ）の文官政治家です。

大川隆法　「実際に、本当に、責任者になった人がいる」ということで、「反乱を起こしたほうがいるわけではない」ということですね。

里村　今のところ、周りで視えているのは、そういう方々でしょうか。近衛文麿さんは、Ａ級戦犯として東京裁判で裁かれることが決まり、出頭を命じられた最終期限日の朝に、青酸カリを……。

大川隆法　自殺されたわけですね。

里村　はい。荻窪の荻外荘で亡くなりました。

「三人以外のメンバー」について探る

大川隆法　今のところ、三人の元首相ですか。

里村　はい。

大川隆法　出てきたのは三人の元首相で、あと、犬養とかはどうでしょうか。この人は古いのかもしれません。

ほかには、もういないでしょうか。あとは、どうですか。ほかに、候補は残っていますか。

天雲　犬養さん。

大川隆法　東條、近衛、廣田弘毅。あと、ほかに、田中義一や犬養はどうですか。

（約五秒間の沈黙）

「田中義一、犬養はいない」と言っています。

里村　あ、いない？

大川隆法　「いない」と言っています。ということは、戦争責任がかかった人たちが、首相官邸のあたりで、守っているつもりでいるのでしょうか。

里村　陛下より、終戦の聖断が下されたときの、鈴木貫太郎首相はいかがでしょうか。

大川隆法　鈴木貫太郎はどうですか。最近、名前が出てき始めていますが、鈴木貫太郎はどうですか。

（約十五秒間の沈黙）

うーん、ちょっと、いない感じがします。

里村　鈴木首相はいらっしゃらない？

大川隆法　いない感じがしますね。少なくとも、東條、近衛、廣田弘毅の三人は、います。

里村　もう一人、やはり、よく名前が出てくる、米内光政(よないみつまさ)はいかがでしょうか。

大川隆法　米内光政はどうですか。

（約五秒間の沈黙）

なんか、少し違う感じがしますね。

でも、最初のころに、「まさき」という名前も少し出てきました。軍人か何かでいたのではないでしょうか。

里村　あっ、真崎甚三郎(まさきじんざぶろう)。

大川隆法　あれは皇道派でしょうか。

天雲　写真がないです。

里村　はい。皇道派の軍人です。

大川隆法　最初のころに、チラッと名前が視えたのですが、どうでしょうか。写真はないわけですね？

天雲　申し訳ありません。

日本の国についての〝幽霊による闇議〟が続いている

大川隆法　ほかは、どうですか。ほかに誰かいますか。大川周明（日本ファシズム運動の理論的指導者）とかは、どうですか。

（約十秒間の沈黙）

うーん、とりあえず、いろいろな人が出入りはするけれども、まだ〝閣議〟をやっているそうです。〝閣議〟はまだまだ続いているのだそうです。

里村　昭和十年代は、廣田内閣、近衛内閣、東條内閣などが入り組んでいますが、あのあたりのメンバーで、いまだに、何というのでしょうか……。

大川隆法　あそこで、日本の国についての〝閣議〟はまだまだ続いているようです。

綾織　外相では、松岡洋右（まつおかようすけ）がいたと思いますが。

大川隆法　松岡洋右？　松岡……。

（約五秒間の沈黙）

うんうん。「〝官邸〟には、いられない」と言っています。やはり、「総理」というのが条件のようです。

里村　総理ということでは、小磯國昭（こいそくにあき）はいかがでしょうか。

大川隆法　小磯國昭はいかがですか。小磯國昭はいますか。

（約十五秒間の沈黙）

何も反応がありません。

綾織　平沼騏一郎はいかがでしょうか。

大川隆法　ああ、平沼騏一郎はいかがですか。いますか。

（約十五秒間の沈黙）

大川隆法　なんだか、反応がよくありませんね。そんなにはっきりしません。

里村　昭和十年代、日本は、日中戦争から中国戦線を拡大し、さらに、日独伊三国防共協定を締結して、開戦に至ったわけですが、今、大川総裁から名前の出た東條英機さん、近衛文麿さん、廣田弘毅さんは、そのときの大きな決定に、総理大臣や外務大臣として携わった方ばかりでございます。

大川隆法　そうですね。この三人は、ある意味で、天皇陛下の代わりになった人たちではないでしょうか。首相公邸の幽霊は、天皇の代わりになった人たちで、軍人とかではありませんでした。

あるいは、軍人が〝召集〟されることもあるのかもしれません（笑）。「源平合戦で負けた武士の霊が、琵琶法師の所に現れる」という耳なし芳一の話ではありませんが、ときどき、ゾロゾロと集まってきて、何か〝宴〟をやるのかもしれませんけれどもね。

里村　近衛文麿さんは、戦争の終わりごろ、終戦の二年ぐらい前から、「東條内閣をいかに倒すか」ということで、いろいろ謀ったりしていたのですが、その二人が一緒にいるのは……。

大川隆法　しかし、やはり、近衛も関係しているようです。なぜでしょうか。先日、東條の話は聞きましたが、近衛と廣田の話は聞いていないので、分からないですね。

何か、訊きたいことがあれば、訊いてみますが。

里村　近衛文麿さんと廣田弘毅さんであれば、お伺いしたいことはたくさんございます。以前、大川総裁より、「近衛文麿は、それなりの、いい世界に還っている」という話もお聴きしたことがあるのですが（『フランクリー・スピーキング』〔幸福の科学出版刊〕参照）、今、どのような立場にいらっしゃるのでしょうか。

大川隆法　それでは、呼んでみましょうか。

（会場のチャネラーを指して）たまにはやってみます？

高級霊界の神々として還っているなら、そんなにスッと入らないかもしれませんが、もし、官邸にへばりついているのなら、入るはずだと思いますよ。

里村　はい。それでは、チャネラーの椅子を一つ用意します。

（チャネラーが前方の椅子に座る）

2 「日本の行く末」を憂える近衛文麿

まずは、近衛文麿元首相を招霊する

大川隆法　では、訊いてみましょうか。

「責任がかかっていた人たちのほうが、みな、いったん出てきた」ということは、少し予想外でした。

里村　はい。

大川隆法　殺された人などではありませんでした。

東條さんの霊言は録りましたから、どちらを先に行きましょうか。

里村　やはり、近衛さんから、ぜひお願いします。

大川隆法　近衛さんから行きますか。

里村　はい。

大川隆法　近衛文麿元首相、近衛文麿元首相。近衛文麿元首相。出てきてください。

（約十秒間の沈黙）

「二十一世紀の〝大日本帝国〟の中心にいる」との認識

近衛文麿　近衛だ。

里村　近衛殿下でいらっしゃいますか。

近衛文麿　うーん。

里村　今日は、本当にお出ましいただき、ありがとうございます。

近衛文麿　うーん、うーん。

里村　端的にお伺いしますけれども、「今、いるのが、日本の首相公邸である」ということは、ご存じでいらっしゃいますか。

近衛文麿　うーん？　ま、日本の中心にいなきゃいけないでしょう？

里村　中心にいると？

近衛文麿　うーん。中心にいる。

里村　そこで、閣下は、何をしておられるのでしょうか。

近衛文麿　それは、この国の行く末を憂えておるのであって……。

里村　はい。「この国」というのは、いつの時点の……。

近衛文麿　うーん。

里村　二十一世紀の日本でございますか。

近衛文麿　君ねえ、バカにするんじゃないよ。「この国」と言っている以上、二十一世紀の〝大日本帝国〟である。

里村　二十一世紀の〝大日本帝国〟？

近衛文麿　うんうん。

三人で安倍首相の〝家庭教師〟をやっている

綾織　「今、安倍晋三という方が首相をやっている」というのは分かっていらっしゃるわけですね？

近衛文麿　うん！　分かっている、分かっている、分かっている。だから、今、われら三人が〝家庭教師〟をやっているんじゃないか。

里村　あ！　恐れ入ります。

近衛文麿　うん。

里村　そうしますと、安倍首相になられてから、首相公邸に来られましたか。

近衛文麿　うん？　いや、そんなことはないけれども、今、特に力が要る(い)ようにはなっておるな。

里村　野田(のだ)さんの〝家庭教師〟はされていましたか。

近衛文麿　いや。していない。

里村　菅直人(かんなおと)は？

近衛文麿　ああいう〝不成仏霊(ふじょうぶつれい)〟がいるときは、とてもではないが、いられない。

里村　〝不成仏霊〟……（笑）（会場笑）。まだ死んでないですけど。

綾織　そういうときは、いられないわけですね？

近衛文麿　とてもいられない。

綾織　村山（むらやま）政権とかは？

近衛文麿　ああ、とんでもない。

綾織　そういう場合は、いられないと？

近衛文麿　うんうん。

綾織　小泉元首相のときはどうですか。

近衛文麿　小泉……、うーん……。あいつは、あまり根性が据わっておらんかったよなあ。

綾織　はいはい。

近衛文麿　だから、あれは、職業違いだな。

里村　職業違い？

近衛文麿　うん。あれは、俳優になればよかったんだ。

里村　ええ。

近衛文麿　小泉はなあ、中身がないんだ。

今、議論しているのは「日本の方針」

綾織　今まで〝家庭教師〟としてしっかりと導いたのは、歴代の首相では、どういう方でしょうか。

近衛文麿　まあ、戦後の自民党政権に関しては、多少、影響は与えた。

いや、入れ替わるんだ、ときどきな。だから、麻生君のときは、もちろん、吉田君が来ていましたよ。

綾織　はいはい。

里村　ああ、来られていて……。

近衛文麿　うんうん、当然、来ていましたよ。それは、当然、住んでいましたよ。うーん、だから、今は、ちょっとねえ、東條君とわれらとで、まあ、多少、意見をね。東條君と近衛と廣田（ひろた）？　このあたりで、日本の方針について、ちょっとねえ。まあ、今、安倍をどうするか、ちょっと処分を……、いや、処分じゃなくて……。

里村　えっ！　処分？

近衛文麿　いや、そのねえ、議論をしておるところだけどもねえ。

里村　ええ。

近衛文麿　うーん……、だから、いや、われらの名誉（めいよ）を何とか回復させねばならんのでね。

「このままでは、この国は終わる」という危機感

綾織　歴史問題では、河野(こうの)談話や村山談話がありますけれども、安倍首相は、いったん、「これを見直す」と言っておきながら、その後、ほとんど撤回(てっかい)しています。

近衛文麿　うーん。駄目(だめ)だねえ。ああいう、中国やロシアに引っ張っていかれるようではいかんから、わしらが、何とかして鎖(くさり)でつなぎ止めないといかんのでねえ。まあ、このままでは、この国は終わる。

里村　はい。

近衛文麿　何とかしなければならん。

まあ、われらは、意見が違ったかもしらんけれども、身を挺(てい)して、この大日本帝国

を守り抜いた者であるのであってねえ。

だから、安倍をそのままで置いておくと、もう簡単に溶けてしまうので、やはり、それは〝家庭教師〟が必要だわな。

里村　それは、安倍首相が消えてなくなるだけの話ではなく、閣下の目には、〝大日本帝国〟、すなわち日本が滅びに至るように見えているわけですね。

近衛文麿　あの、〝不成仏霊〟の菅だとか、村山だとか、河野だとか、あんなものが占拠しているときには、それはもう、日本は国家として消えかかっていたよ。もうほとんど姿が……。

里村　菅さんの前に、鳩山由紀夫さんという人が総理になって、奥さんの幸さんが、「公邸で幽霊を見た」と言っているんですけれども。

近衛文麿　まあ、彼らも幽霊になる人たちだろうから、別に、どうってことはないが、われらのような高貴な者を見ることはできないのではないかな。

里村　ああ……。

近衛文麿　彼らが見た幽霊は違うのではないか。

三人の元首相のなかで「主導権争い」がある？

里村　では、安倍総理が就任してから、ずっと指導されていると？

近衛文麿　うーん、今、ちょっと引き合ってはいるんだけどねえ。まあ、主導権について、ちょっと争いがあるので。

綾織　それは、三人のなかでの主導権？

近衛文麿　おお、そうそうそう。

綾織　そうですか。それは、具体的に言うと、どういう……。

近衛文麿　若干(じゃっかん)、微妙(びみょう)な綱引(つなひ)きはあるので、まあ、あれなんだが。

綾織　生前も、近衛さんと東條さんは、対立されていたわけですけれども。

近衛文麿　うーん、まあ、それはあるんだけど、だいたい思いにおいては、というか、責任感においては、似たようなものがあったのでね。

里村　はい。

近衛文麿　われらは、みんな、ある意味で、陛下に代わって死を賜ることを覚悟していた者であるのでね。
だから、そのやり方については、ちょっと問題があったんだがな。まあ、東條は、少し頑固ではあったがなあ。

チャネラーに「インテリ」を求める近衛文麿

里村　はい。それでは、今、ちょうど、チャネラーがおりますので、そちらにお移り願えますでしょうか。
近衛文麿　うーん……、まあ、精度が分からんが……。
（チャネラーに）君、インテリかね？
里村　インテリです。

近衛文麿　え？　インテリでないと入れないんだ。インテリでないと入れないんだけど、インテリかね？

里村　インテリです。

近衛文麿　インテリかねえ。大丈夫（だいじょうぶ）か？

里村　はい。

近衛文麿　品位を汚（けが）すでないぞ。いいか？

チャネラー　はい。

近衛文麿　大日本帝国の宰相（さいしょう）は、そんな安いものではないからなあ。うーん。

（チャネラーに）じゃあ、君、手を合わせなさい。

里村　お願いいたします。

近衛文麿　入って、ちょっと説教を垂れてやるから。

大川隆法　はい。それでは、そちらへ移ってください。

（約十秒間の沈黙）

敗戦の流れをつくったという汚名は「誤解である」

里村　近衛閣下でいらっしゃいますでしょうか。

近衛文麿　そうである。

里村　「今、日本の中心、首相公邸のほうにいらっしゃる」ということですけれども、一つお伺いします。

先の大東亜（だいとうあ）戦争、第二次世界大戦に、日本は参加しましたが、「日本が敗戦に至るまでの大きな流れを近衛文麿首相がつくった」と、まるで最大の元凶（げんきょう）であるかのように言われております。

たいへん失礼でございますが、この汚名（おめい）というものを知っていらっしゃいますでしょうか。

近衛文麿　とんでもない誤解である。

われは、この国を守るために、ずっと最善の判断をしてきた者である。

東條が行きすぎたのを止めたり……。

里村　はい。

近衛文麿　われこそが、中道の大日本帝国を、この地上に打ち立てるべく、鋭意努力してきた者である。
それを、この場を借りて、国民にキチッと申し上げたい。そう思っております。

本心は「大国との融和」であり「開戦」ではなかった

里村　私も、そうした近衛閣下のお志が分かった上でお伺いしたいのですけれども、例えば、当時、近衛内閣では、廣田さんが外相でしたが、「中国戦線において、蔣介石の国民政府を対話の相手としない」という決断をされたり、あるいは、松岡外相の下で、ドイツとイタリアとの三国枢軸同盟を決定されたりしました。このへんの判断については、いかがでございますでしょうか。

近衛文麿　松岡洋右と廣田は、二人とも、なかなか言うことをきかんかったのだ。

里村　はい。

大川隆法　うーん。

近衛文麿　われの判断としては、少し違っておったのだ。もう少し、大国と融和（ゆうわ）できんかと、最後まで知恵（ちえ）を重ねておった。苦慮（くりょ）を重ねておったのだ。それを、鉄砲玉（てっぽうだま）のような者たちが動いたのだ。

大川隆法　うーん。

近衛文麿　われは、「皇族として、この日本を守る」という責務を感じておったのだ。これを理解してほしい。

里村　はい。

大川隆法　しっかり三国同盟ができたことで、「敗北の枠組みができた」というところは、確かにあることはあるのです。

里村　はい。今、近衛元首相がおっしゃったように、ある意味で、松岡外相が突っ走って三国同盟の方向に行きました。あのとき、近衛首相は、「『アメリカとの対話』という方向を模索し、わざわざ飛行場に松岡さんを迎えに行ってまで、何とか止めようとした」というような話も……。

近衛文麿　そうである。まともな知性があれば、アメリカと戦争するなどありえない。ただ、あの時点で、私がそれを公然と言うわけにいかなかった。それを、松岡が変なふうに解釈して突っ走ったのだ。

里村　はい。

近衛文麿　言葉が足らなかった。コミュニケーションが足らなかった。そういう反省はしておるが、私の本心としては開戦はなかったのだ。

里村　失礼ながら、それでは、なぜ、松岡さんのような方を外相として使われたのでしょうか。あるいは、なぜ、本心を言えなかったのでしょうか。

近衛文麿　それは、軍部が台頭してきて、「入れろ、入れろ」という圧力があったのだ。「そこを抑えないと、もっと早く暴発していた」という判断があったのだ。

あのときは、本当に人材が不足しておった。東條とは、確かに少し仲違いをしておるが、優秀な人材ではあった。彼も、この間、霊言したと思うが。

里村　はい。

近衛文麿　彼も、「本当は開戦をすべきでなかった」と思っておる。この国を守るために、彼も苦労したのだと思う。
ただ、かなり急先鋒（きゅうせんぽう）な軍部がいたのも事実で、私と彼の考えは少し違うが、それを最後の最後まで抑えようとしながら、この国を守ろうとしておったのは事実なのだ。

里村　はい。

ソ連との関係は方便で、本当に願っていたのは「日米同盟」

綾織　また、ソ連との関係が問題になるわけですが、ゾルゲ事件というものがあって、朝日新聞の記者を重用して信用していました。

里村　尾崎秀実（おざきほつみ）ですね。

綾織　はい。これについては、あまりにもソ連を信用しすぎたようなところがありますが、どう考えますか。

近衛文麿　それは、「アメリカの台頭を抑える」ということで、少し方便として使ったのだ。ところが、「ロシアが攻めてくると、本当にこの国は滅んでしまう」という事情もあったのだ。

里村　分かりました。

近衛文麿　アメリカは日本と敵対していたけども、その政治体制を見ると、本当は、アメリカに近づいていったほうが、この国を守れる。まあ、今の日米同盟だな。本当は、心の底では、そう思っておったのだ。

ところが、昭和十年代後半に、そんなことを言ったら、私自身がその場で暗殺されておっただろう。

里村　一九四一年の八月にも、ルーズベルト大統領と、直接ハワイで会って、何とか対話をされようとしていましたね？

近衛文麿　はい。

里村　残念ながら、周りが反対するので、突っ走ってでも、それをやろうとされた。しかし、結果的には、ルーズベルトから袖にされ、日米首脳会談は流れて……。

近衛文麿　ええ。流れました。

里村　それについては、もう少し根回しなどをやった上で、日米の両方で会う段取りをつけられなかったのでしょうか。

近衛文麿　あのときは、最善を尽くしたんだが、まあ、ルーズベルトの霊言はあった

のかな？（『原爆投下は人類への罪か？』〔幸福実現党刊〕参照）

里村　はい。

近衛文麿　まあ、彼は、やはり、黄色人種を差別しておったのだ。「勝って当然だ」と思っている。「この大国アメリカに刃向かいよって」というかたちで、日本人を蔑視しておったのだ。一万年以上続く、この日本国民をバカにしておったのだ。それが俺は許せなかった。

大川隆法　うーん、単なる不成仏霊ではないですね。やはり、ちょっと信念がある不成仏霊のようです。

近衛文麿　違います。今、日本の危機だから、降りてきておるんです。

大川隆法　まあ、そういう言い方もあるでしょうか。

近衛文麿　私の考えを具体的に伝えられるのは、今のところ、ちょっと頼りないが、安倍首相しかおらんのだ。

大川隆法　うーん。

近衛元首相が心の底から尊敬していたのは「明治帝」

綾織　終戦のあたりについて、お伺いしたいのですが、一九四五年にアメリカに攻め込まれたとき、「近衛上奏文」と言われるものを天皇陛下に奏上されました。「和平の方向で何とかならないか」ということを訴えられたわけですけれども。

近衛文麿　はい。そのとおりです。

綾織　昭和天皇との関係については、もしかしたら、ご自身に不満のようなものが残っていらっしゃるのでしょうか。言いにくいことだとは思うのですが。

近衛文麿　それを今、この場で、私に「言え」と言うのか。

綾織　なかなか難しい状況だと思うんですけれども。

里村　ただ、近衛様は、歴代の首相とは違い、昭和帝の前で、普通に足を組んで座ってお話をされるぐらいでした。五摂家の筆頭でいらっしゃいますので。

近衛文麿　あなたは、そんな場面にいなかったのに、よく知っているな？（会場笑）

里村　はい。存じ上げております。

近衛文麿　ま、この場は、「正直に言え」という場であるから言うが、私が本当に心の底から尊敬しておったのは明治帝なのだ。

里村　はい。

近衛文麿　明治帝のようなイメージで、昭和帝に接していたのだが、判断力、決断力において、少し、少しだぞ、少しだけ、私としては地団駄を踏んだところがあった。

軍部からも、もう少し正確な情報は上げておったのだ。私からも上げておったんだが、「その情報の下に判断する力とスピードが、明治帝に比べて、少し弱かったのかな」という気持ちが少しある。

ただ、昭和帝は、本当に心の底から日本国民を愛しておった。それについては、私がいちばん近くにいたので、この場を借りて、申し上げたいと思います。

里村　はい。

近衛文麿　昭和帝は、本当に日本国民を愛しておったのだ。それは偉大な方である。

首相辞任後、「昭和帝とのパイプ役」で使われていたら？

里村　近衛閣下が首相を辞められ、東條首相に替わってからは、残念ながら、「三年近くの間、昭和天皇と、直接、拝謁する機会がなかった」と聞いています。

私は、それは非常に惜しい機会だったと思います。近衛閣下は、一生懸命に会おうとされたと思いますが、「木戸内大臣がそれを止めた」という話もありまして……。

近衛文麿　そうなのだ。木戸も東條も、実は後ろから手を引いておって、私を会わせないようにしておったのだ。

里村　はい。

近衛文麿　私を、陛下との間のパイプ役としてうまく使っていただければ、もう少し、いい判断になったと思う。

ただ、「いったん引いた以上、いつまでもその場におる」というのも潔くはないので、私としては引いておった。あのとき、東條が頭を下げてくれれば、私は、もう少し考え方が変わったかもしれない。そのあたりから、東條とは少し距離を置いておるのだ。

大川隆法　うーん。

「昭和帝に戦争責任を負わせられない」という思いでは一致

里村　戦後に関しても、お伺いしたいところがあるのですが、戦後、近衛閣下は、昭和天皇が会われる前に、先にマッカーサーと会われております。

近衛文麿　はい。

里村　その際、近衛閣下が、「昭和天皇の退位について口走ってしまった」ということがございましたけれども、やはり、昭和天皇の戦争責任については感じていらっしゃったわけですか。

近衛文麿　それを、私の口から言わすのか。

里村　たいへん申し訳ございませんが、生前、アメリカのジャーナリストなどには、お話しされていましたので。

近衛文麿　まあ、「かたち上」と言ってはあれだけれども、私と廣田と東條の三人で責任を取ったのだ。「とにかく、昭和帝に責任を取らすわけにはいかない」というのは、この三人で一致しておったのだ。

「近衛文麿霊の現状」については、もっと〝測量〞が必要

綾織　実際には、東京裁判には出廷せずに自殺されたわけですが、その理由は、何でしょうか。

近衛文麿　あんな「戦勝国だけの裁判」というのは、公平ではない。

綾織　はい。そうですね。

近衛文麿　そんなもので裁かれて、私の、この立場は……。

まあ、それは、ある意味で、いいプライドだ。皇族でもあり、この日本を率いてきた私としては、あんな場で裁かれて死刑になるぐらいなら、腹をかっさばいて死にたい。そう思っておったのだ。

ただ、短剣を取られておったので、毒を盛っただけだ。「あれこそ、男としての最

期であった」と私は自負しておる。
ですから、地獄には決して堕ちておらん。誤解するでない！

里村　いえ、誤解はしていません。

綾織　今は、どういう状態なのでしょうか。地上にとどまっている状態ですか。

近衛文麿　今は日本が危機なので、その危機を回避すべく、最低限の判断として、国民が安倍総理を選んだ。彼には、多少なりとも、われわれの意見を聞く耳があるので、それで、降りてきておるのだ。

綾織　天上界から来ている？

近衛文麿　そう思っておる。

大川隆法　うーん。

綾織　「思っている」というのは？

大川隆法　これについては、まだ、少し〝測量〟をしないと分かりませんが、ただの不成仏霊でないのは事実です。やはり、そこそこ出世しただけのことはありますのでね。

近衛文麿　日本が危機なのだ。

大川隆法　責任は感じているし、きちんと時代性も認識しているので、無間地獄に堕ちているような人でないことは事実です。

ただ、これを「高天原から降りてきた」と見るか、今いる所を高天原と思っているのか、そういうところについては、まだ解釈の余地があるので、もう少し訊いてみたほうがよいでしょう。

戦前・戦中の流れから「戦争責任」を考える

大川隆法　廣田弘毅（こうき）が首相になったのはいつごろでしょうか。

里村　一九三六年です。

大川隆法　開戦前ですか。

綾織　二・二六事件のあとですね。

里村　はい。昭和十一年です。

大川隆法　そのころですね。それで、近衛内閣が何年からでしょうか。

里村　第一次近衛内閣が、一九三七年からです。昭和十二年ですので、まさに、あの盧溝橋事件とともに始まりまして、三次内閣までやっております。

近衛文麿　あれは、中国が仕掛けてきたのだ。

大川隆法　そういう意味では、近衛とか廣田とかをＡ級戦犯で死刑に……、あ、近衛は自殺しましたか。

里村　はい。でも、死刑になる予定でした。

大川隆法　確かに、「Ａ級戦犯で死刑にするのが正しかったのかどうか」という問題は残るでしょう。

里村　はい。

大川隆法　それで、東條は、サイパン陥落のあと、総辞職せざるをえなくなりましたね。

里村　はい。そうですね。

大川隆法　「岸信介国務大臣が、東條からの閣僚辞任の要求にサインをしない」ということで、内閣不一致で総辞職をしたのです。岸が「サイパンが落ちれば、東京が空襲されるから、もう、ここでやめなければいけない」と言って同意しないので、内閣が一致せず、あれで総辞職しました。

このあとを継いだのは、どなたでしょうか。

里村　小磯國昭です。

大川隆法　彼は、どのくらいまでやったのでしょうか。

里村　小磯國昭は、「サイパン陥落から、鈴木貫太郎首相が担うまで」でございます。

大川隆法　サイパン陥落は、一九四四年ですね。
鈴木貫太郎は、いつから、首相になったのでしょうか。

里村　鈴木貫太郎は、一九四五年の……。

綾織　終戦近くですね。

大川隆法　そのあとが東久邇宮ですね。この人は昭和天皇の皇后の叔父ですが、このころは、コロコロと替わっていますね。

里村　はい。

大川隆法　このへんは難しい時期でした。この東久邇宮も、「昭和天皇に戦争責任あり」と言っていましたよね？

里村　はい。そうでございます。

大川隆法　近衛と同じように言っていましたね。

里村　はい。

大川隆法　しかし、東條で、だいたい終わりだったのが、その前の開戦を止められなかった人と、実際に開戦してしまった人のところに責任が集中してきている感じでしょうか。東條以降になったら、「もはや、流れはだいたい決まっていた」と言うべきなのかどうか。このへんのところなのでしょうね。

里村　はい。

大川隆法　つまり、「外交的に責任があるのかどうか」というところです。「外交は嘘で、本当は戦争をやる気があったのかどうか」というところの、実は読み合いなのでしょう。

アメリカ寄りの蔣介石は「信用できなかった」

里村　近衛首相に、もう一点だけお訊きしたいことがあるのですが。

大川隆法　まだありますか。どうぞ、訊いてください。

里村　先ほども、少し申し上げましたが、蔣介石に対し、「国民政府を対手とせず」という有名な言葉がございます。

大川隆法　ああ、そうですね。

里村　廣田弘毅が、そのとき外務大臣をやっておりましたけれども、なぜ、「中国大陸において国共内戦が起きているのを利用して、蔣介石を日本側に引っ張ってくる」というかたちでやらなかったのでしょうか。

このへんについては、例の「秘書にソ連のスパイがいた」など、いろいろな話もありますが、どのようにお考えだったのでしょうか。

近衛文麿　まあ、ソ連のスパイがおったかもしれないが、あの男は、少しアメリカに寄っておったただろう？

里村　はい。

近衛文麿　だから、使えなかったのだ。

里村　あ、「蔣介石が」ですね?

近衛文麿　そうだ。

里村　その部分で信用できなかったと?

近衛文麿　そうだ。私としては、孫文(そんぶん)のあとを継ぐ者だと思っておった。

しかし、どうも、部下の情報の集め方も悪かったかもしれないが、「信用しすぎてはならぬ」というような情報が数多く集まってきたのだ。そこで、そういう判断をした。

「私は昭和帝を守った」という信念

里村　それでは、もう一つだけ、マッカーサーについては、いかがお考えでしょうか。実は、最初に、マッカーサー元帥から憲法改正を託されたのが、近衛閣下でいらっしゃったのですけれども、残念ながら、途中でハシゴを外されました。

近衛文麿　はい。

里村　マッカーサーを、どのようにご覧になっていましたか。

近衛文麿　とにかく、マッカーサーという男は、確かに器の大きい男だ。まあ、要は、「アメリカがつくった憲法を受け入れなければ、昭和帝は命がなかった」と判断したのだ。とにかく、「私は昭和帝を守った」ということを知っておいてくれ。

大川隆法　うーん。

近衛文麿　「天皇制を残す」ということが、この国の国是であるので、それが大事であると判断したのだ。

「中国から仕掛けてきた」のが盧溝橋事件の真実

里村　すみません。会場からの質問です（聴聞席の小林早賢　広報・危機管理担当副理事長を指す）。

小林　対中国では、介入していったのか、それとも引きずり込まれたのか、その外交責任について教えていただけますか。

近衛文麿　それは、先ほども少し言ったが、盧溝橋事件は、あくまで日本が起こしたように見せかけて、実は、中国が先に手を出してきたのだ。

綾織　そのとき、銃撃があったわけですけれども、それは、一般的に共産党と……。

近衛文麿　向こうからだ。

綾織　「向こう」というものには、共産党と国民党がありますが。

近衛文麿　そうだ。

綾織　それは分からない？

近衛文麿　分からないが、それは微妙に分からないようにしてあったのだ。おそらく共産党だと思うが。

綾織　はい、はい。

近衛文麿　国民党がやったような……、あるいは、連合か、分からないが、とにかく、「中国の側から仕掛け(しか)てきた」というふうな史実になっておらんだろう？　おかしいだろう？

綾織　はい。

近衛文麿　こちらからじゃない。

小林　上海(シャンハイ)事変などでも、出兵せざるをえない経緯(けいい)が……。

里村　はい。そして、その後、南京(ナンキン)事件まで行きますけれども。

近衛文麿 「あれ（盧溝橋事件）を中国が仕掛けていて、こちらが何もしない」ということであれば、満州をはじめ、守れないだろう？ それでは、「腰抜け内閣」と言われるではないか。「腰抜け外交」と言われるではないか。だから、戦わざるをえなかったのだ。

大川隆法 うーん……、満州には、日本人を移民させていましたし、インフラも持っていましたからね。

「自虐史観で国民を貶めるとは何事ぞ！」と一喝

里村 それでは、南京事件については、どうなのでしょうか。東京裁判で、非常に注目されてしまいましたけれども。

近衛文麿 あれは東條が言っていたとおり、でっち上げだ！
本当に、何十万人も殺せるわけがないだろう？ 通常のつばぜり合いだ。それで終わったのだ。
そして、南京の市民からは、「日本陸軍が来てくれたおかげで治安がよくなった」と言われた。感謝までは行かないが、そういう評価であったのだ。

里村　そういう報告は、首相であった近衛閣下のほうにあったわけですね？

近衛文麿　一部であるが、あった。

里村　なるほど。そうですか。

近衛文麿　ちゃんと情報を得ておったのだ。今、史実が間違えて、教科書でも、「南京大虐殺(だいぎゃくさつ)で日本陸軍がとんでもないことをやった」と？　嘘っぱちを教えるでない！

里村　しかし、日本の歴代首相の誰(だれ)一人として、それをはっきりと否定していないのです。

近衛文麿　それは、そのとき、いなかったからだろう？

それと、「歴史的史実というものを、反対側からもキチッと聞いて、自分でよく学ぶ」というような真摯な態度の総理が、ここ何十年も出ておらんではないか！

里村　何十年も出ておられない？

近衛文麿　出ておらん！　この間は、何だ？　ジャーナリストの本多某？（『本多勝一の守護霊インタビュー』〔幸福実現党刊〕参照）

里村　本多勝一。

近衛文麿　そこが発信源かもしれないが、それを、バカみたいに、ただ信じている。

ちゃんと情報を集めず、自分の頭で考えず、ただ、何か出た本を頼りに、「そういうことがあっただろう」みたいな、そういう、おまえたちが、自虐史観と言っておるもので、この国民を貶めるとは何事ぞ！

里村　はい。

大川隆法　うーん。

マッカーサーを追い込んだあたりが和平のチャンスだった

綾織　もう少し前を振り返っていただいて、外交的に歯止めが利くターニングポイントはあったのでしょうか。

近衛文麿　それはあった。南方戦線で、少し負けが見えてきたけども、いい線まで行ったときに……。

いつか、おたくの総裁も言っていたが、マッカーサーを追い込(こ)んだあたりだ。

綾織　はいはい。

近衛文麿　あのときに、昭和帝に「引け」と言っていただければ、原爆が落ちることはなかったと思っておる。

綾織　フィリピンでも、マッカーサーが逃(に)げた時点で和平ができていれば……。

近衛文麿　そのときだ！　できたはずだ。

綾織　はいはい。

近衛文麿　アメリカも、そんなには戦いたくなかったはずなのだ。

もちろん、ロジスティックス（兵站）というか、軍隊の数や弾薬、それから造船の量と質で、アメリカには、日本の国力の十倍以上はあった。それは私も分かっておったのだ。だから、「長引けば必ず負ける」ということにおいて、東條と私の意見は同じなのだ。

だから、あのときしかなかった。あのときに引けば、こうはならなかったはずだし、われわれの戦争を、要は、「アジア解放運動」ということで、今、国連は認めておったはずだ。

対日石油禁輸で「開戦は避けられない」と判断

小林（会場から）先ほど、大川総裁のおっしゃった外交責任という観点で、一つ、「中国戦線に引きずり込まれたかどうか」というところは分かりました。

あと、もう一点は、一九四一年十月の時点です。つまり、日米開戦のギリギリの手前で、まだ戦争を回避できるときです。「アメリカからいろいろ突きつけられ始めたときに、もう一手、打つ手がなかったのかどうか」というところは、一つの論点として残ると思うのですが、そこに関してはいかがでしょうか。

近衛文麿　あのときは、あなたたちも、最近、いろいろと言っていると思うが、とにかく石油を止められたのだ。そして、「国内は、エネルギーを止められたら、もうもたない」と。だから、やむにやまれず開戦したのだ。

あのとき、もし止められたままだったら、この日本国内に、餓死者(がししゃ)が（戦死者と）同じぐらいの人数は出ていたと思う。

とにかく、「国を任された人間として、国民の生命を守る」というのが、国家元首の仕事だろう？

里村　それでは、十月の時点で、やはり開戦を……。

近衛文麿　「やむをえない。ここまで来たのだ」と。

里村　もう、すべての努力はない……。

近衛文麿　そうだ。ハル・ノートが出てくる前に、「アメリカは、最後のカードを切ってきたな。ずるいカードを切ってきたな」と、そう思ったのだ。

大川隆法　満州では、石油が出なかったから、南方に行かなければいけなかったのでしょう。

小林　確認ですけれども、「一九四一年七月に、アメリカからの対日石油禁輸があった時点で、結論は出た」と。

近衛文麿　「もう避けられない」と思った。

小林　そういうご判断だったわけですね？

近衛文麿　そうです。

対米和平を許さなかった朝日新聞をはじめとする日本の風潮

綾織　先ほど、「フィリピンでマッカーサーを追い出した時点で、和平に入っていればよかった」とのことでしたが、これを進められなかった最大の要因は、何だったのでしょうか。

近衛文麿　それは、その前に少し負けかけてはいたけども、実は、その情報が大本営本部に入るのが少し遅く、「連戦連勝」ということで軍部が浮かれておったのだ。「まだまだ行ける！　徹底的に戦える！　ここで引いてどうするんだ！」というのが大勢だったのだ。確か、朝日新聞には、そう書いてあったな。

　そんな状態で、「ここで手を打つ」というのは、私にとっては英断であったが、それは国内が許さなかった。どちらかと言うと、国民が許さなかったのだ。

里村　はいはい。

近衛文麿　今は、「憲法九条を守っているだけで平和だ」などと言っている国民がおるようだが、そのときは、正反対で、「ここで引くなんて日本人じゃない。おまえ、それでも男か！」という風潮だったのだ。

小林　そのときの昭和帝の感覚といいますか、感触はどうだったでしょうか。

近衛文麿　同じであった。昭和帝も男である。「ここで引けるか」という思いがあったのだ。

ただ、私としては、「長引けば負ける」と思っておったので、「そこで、もう一段、強い態度で昭和帝を説得できなかったのか」という批判があれば、私は、それを耐える。受け入れる。そこは、私も反省しておる。

大川隆法　陸軍と海軍の分析（ぶんせき）には、少し差があったかもしれません。

近衛文麿　おっしゃるとおりです。

大川隆法　海軍は、勝っていましたからね。

近衛文麿　はい。「陸軍の腰抜け！」という声が出ておりました。

大川隆法　陸軍のほうは、「全然、何もしていないのに、満州や中国の権益を手放すなど、できるはずがない」という状態でした。

海軍のほうは、おそらく、「しばらくは勝てるけれども、あとが続かない」と判断できていたのだろうと思います。

だから、確かに、近衛さんが言うとおり、「陸軍・海軍の意見が合わなかった」ということはあったのかもしれません。

里村　「戦果」というものが違いましたから。

大川隆法　そうです。

そして、新聞では、大勝利がずっと報道されていて、国民のほうも、それに乗っており、「やめられるか」という状態だったのかもしれませんね。

里村　陸軍は、「ここで止められてたまるか」という……。

大川隆法　そうです。本当は陸軍のほうが先攻だったのです。中国のほうで先攻していました。

そのあと、海軍の攻撃が始まって、電光石火のような勝ち方をしました。それは、ヒトラーの最初のころと同じで、すごい勝ち方をしていましたから、「これだけ強いのに、やめられるか」というのは、一見、正しくはあったのでしょう。

つまり、国民に弱みを見せていないから、分からなかったところがあったのでしょうね。

盟主・日本の繁栄なくしてアジアの繁栄もない

里村　先ほど、「安倍総理の〝家庭教師〟をしている」とおっしゃっていましたが、近衛閣下は、「日本や世界の平和を守ろう」という方向で〝家庭教師〟をされているのでしょうか。

それとも、「日本が中国を屈服させ、アジアの盟主としての立場になる」という方向で〝家庭教師〟をされているのでしょうか。

近衛文麿　後者である。日本は、このアジアの盟主でなければいけない国なのだ。それなのに、あの賊国・中国は、戦後、自分たちが勝ったわけではないのに、嵩に懸かって経済力を上げ、そして国防力を上げて、日本を自分の力で叩きのめすために、いろんな手を使ってきておるだろうが。それを、今、日本国民は分かっておらんのだよ。

里村　そうしますと、「平和を優先」というよりも、ある意味で、中国との戦火を交えることはやむをえないと?

大川隆法　尖閣や竹島については、どのように思っていますか。

近衛文麿　尖閣は、絶対に取られてはならない。

里村　はい。

近衛文麿　あれは単なる足場にすぎない。ただ、この場でも、何度もいろんな方（霊人）が言っていると思うが、尖閣を取られたら、沖縄はあっという間に取られるぞ。

順番は、そのとおりだ。尖閣、台湾、沖縄だ。もう分かり切っておるのだ。

里村　韓国は、竹島について言っていますけれども。

近衛文麿　あれも分かっておらん。竹島みたいな小さな島。あれは、第二次世界大戦前から、日本の領土なのだ。なぜ、韓国の人間に、今、実効支配されておるのだ？情けない！

よいか？　アジアの盟主は、この〝大日本帝国〟なのだ。この国が繁栄することによって、韓国も中国も繁栄していくのだ。

別に中国が憎いわけではない。「日本が中心になるほうが、このアジアは、経済圏が確立し、新しい東南アジアの国々も、先進国に次々と入っていける」ということなのだ。この徳ある日本、徳高き日本、大和の国・日本。この日本のまほろばなくして、本当に繁栄はないのだ。

今、必要なのは、「日本の誇り」を取り戻すこと

里村　それは、「大東亜共栄圏」や「八紘一宇」の思想と非常に近いですけれども。

大川隆法　結局、中国や朝鮮半島での戦争において、日本が負けたわけでもなく、向こうが勝ったわけでもないのに、戦後、彼らは戦勝国のような振る舞いをしようとしました。

　このあたりの微妙に難しいところが、そういう島の領有などに出てきているわけです。

　「戦争に勝って、独立したわけではない」という悔しさのようなものが、「どうしても島を取りたい」というようになるのでしょうか。

近衛文麿　そうですね。

里村　これは悪い意味ではないのですけども、近衛閣下のようにプライドの高い方からすると、「非常に僭越である」ということですね。やはり、悔しいお気持ちは……。

近衛文麿　そのとおりだ。今、言っておるだろう？　「日本の誇りを取り戻す」。それこそ必要ではないのかと、私は思っておる。

あなたたちには、日本人としての誇りはないのか。それを問いたい。

里村　確認でございますが、「政治力・経済力に加えて、軍事力というもので、韓国・中国に、『あなたたちは勝ったわけではないんだぞ』と、しっかり思い知らせたい」ということなのでしょうか。

近衛文麿　そのとおりだ。あなたは、さっきから聞いていると、いいことを言うねえ。

里村　（苦笑）いやいやいや。

近衛文麿　一緒に来るか。

里村　いやいやいや！（会場笑）

近衛文麿　そのとおりなのだ。「軍事力が強くなると戦争を起こす」という単純な発想を、誰がいったい植え付けたのだ？

よいか？　国を攻めるためではなくて、「国を守るための軍事力」というものがあるんだよ。これは国際基準なんだ。何がいけないのだ？

大川隆法　確かに、このころの人から見たら、「毎日、尖閣辺りに中国の公船が入ってきて脅す」などということは考えられないでしょう。

近衛文麿　即、撃ちます。

大川隆法　あまりの弱さ、にちょっと……。

近衛文麿　ええ。もう、即、撃ちます。

大川隆法　これは、全然、考えられないでしょうね。全然、考えられないような話でしょう。

近衛文麿　日本の今の科学技術力をもってすれば、あんなものは一瞬で叩き落とせます。

大川隆法　問題外なのでしょうね。だから、戦前の日本にとって、本当に敵はアメリカだけだったのでしょう。

近衛文麿　問題外です。

里村　そのお立場からすると、今の安倍総理は少し腰砕(こしくだ)けのように……。

近衛文麿　もう腰砕けもいいところだが、民主党政権があまりにひどかったので、それに比べれば、頼りないが少しの希望ではある。

里村　はい。

大川隆法　確かに、向こうも屈折しています。「独立はしたが、自分たちの力で日本軍を撃退して独立したわけではない」ということです。それは、まったくできていません。ただ、抵抗(ていこう)していただけですからね。

里村　はい。

大川隆法　韓国もそうですけれどもね。

里村　はい。

3 「憲法改正」を目指す廣田弘毅

『落日燃ゆ』の主人公・廣田弘毅元首相を招霊する

里村　そろそろお時間ですので、次の方を……。

大川隆法　はい、もう一人は誰でしたか。

里村　廣田弘毅です。

大川隆法　廣田弘毅ですね。

（近衛文麿に）では、お還りください。（手を二回打つ）

廣田弘毅さんとは、まだ話をしたことはありませんが、城山三郎の『落日燃ゆ』という題の本で取り上げられていますし、「一回、霊言をしてみようか」と思っていたところでしたので、せっかくですから、お呼びしたいと思います。

それでは、城山三郎のベストセラーであり、代表作にもなりました『落日燃ゆ』の主人公・廣田弘毅元首相の霊をお呼びしたいと思います。

廣田弘毅元首相の霊よ。

どうか、幸福の科学総合本部に降りたまえ。

（約十秒間の沈黙）

「この国の舵取りを誤れば敗戦に至る」と断言

廣田弘毅　うう一ん……。

綾織　こんにちは。廣田弘毅元首相でいらっしゃいますでしょうか。

廣田弘毅　うーん。

綾織　今、東條英機さんや近衛さんと一緒に、首相公邸にいらっしゃると伺ったのですが……。

廣田弘毅　うーん？　うーん……。

綾織　今、いらっしゃるわけではないんですか。

廣田弘毅　うん？　まあ……、高天原に通じておるでな。

綾織　ああ、はいはい。

廣田弘毅　地上の首相官邸も公邸も一緒だ。まあ、通じておるでなあ。

綾織　幽霊(ゆうれい)というわけではないのですね？

廣田弘毅　幽霊は幽霊だよ。

綾織　ああ、「幽霊である」というのはよろしいのですか。

廣田弘毅　もちろん、死んでおるから、幽霊だけどもな。

綾織　はいはい。

廣田弘毅　それは、君、「死んでいる者は、みんな幽霊」だけども、その善悪は、まあ、別途(べっと)、判断する者によって違(ちが)うであろう。中国や韓国(かんこく)やアメリカから見りゃあ、〝地獄霊(じごくれい)〟なのかもしらんけど、まあ、基本的には、われらにそういう気持ちはないがなあ。
ただ、今は、首相官邸に用があるのでね。だから、しょっちゅう行ってはおりますよ。

里村　どのような用がおありで？

廣田弘毅　うん、「この国の舵取りを誤れば敗戦に至る」ということは、だいたい読めておるからね。だから、先の大戦の最後のところを、もう一度、額を突き合わせてシミュレーションしてだねえ、「（日本は）どういうふうにやればよかったのか」を考えて、「今なら、われわれはどうするか」っていうようなことを話し合って、まあ、ここの〝官邸の主人公〟にインスピレーションを下ろさねばならんのでなあ。

綾織　頻繁にいらっしゃっているとのことですが……。

廣田弘毅　いやあ、それよりも、今は、この国の舵取りだね。もう、それ以外に仕事はないよ。

だから、「外交で失敗してはならない」ということと、「防衛の基本的な戦略に失敗してはならない」ということだ。これを間違えたら、もう一回、敗戦の憂き目に遭う可能性があるでなあ。それは、何としても、何としても……。

里村　はい。それでは、このあたりで、先ほどまで近衛元首相のチャネラーをしていた者にお移りいただけますでしょうか。

廣田弘毅　うんうん、そうか、そうか。じゃあ、はい。

大川隆法　では、そちらのチャネラーのほうに、廣田弘毅元首相の霊を移します。

（約十秒間の沈黙）

改憲派の〝本尊(ほんぞん)〟が安倍(あべ)首相にアドバイス

綾織　廣田元首相でいらっしゃいますでしょうか。

廣田弘毅　はい。そうです。

綾織「首相公邸のほうに、頻繁に出入りをしている」ということでしたけれども、今までも、自民党政権にいろいろなアドバイスをしてきたのでしょうか。

廣田弘毅　はい、そうですね。私は文官ですから、先ほどの方々と違って、軍人ではございません。

里村　東大法学部を出られて、法学士でいらっしゃいますよね？

廣田弘毅　はい。そのとおりです。ですので、まあ、基本的には法令を遵守しつつも、とにかく、「この国の舵取りをしていかなければいけない」というふうに思っております。

綾織　特に、お仕事を再開されるようになったのは、いつごろからでしょうか。

廣田弘毅　そうですね。さっき、近衛様が言っておられたように、民主党政権のときには、本当に、もう、「なすすべなし」という状態であったが、やっと少し自民党が盛り返してきた。

まあ、そのなかでも、おじいさまに比べて、まだまだ百分の一ぐらいの力しかないが、安倍さんは岸さんの息子……、ああ、お孫さんか？

里村　孫でございます。

廣田弘毅　安倍さんには、少しは国防への意識があるのでね。それで、まあ、文官として、「どういうかたちで法律をつくっていけばいいか」ということをアドバイスしておる。実は、私が改憲派の〝本尊（ほんぞん）〟だ。

里村　改憲派の〝本尊〟ですか。

廣田弘毅　それに関係があるというか、そうである。

綾織　ほう。

廣田弘毅　「どういうふうに法律をつくればいいか」ということをアドバイスしておる。

「まず憲法九十六条改正」という動きをどう思うか

綾織　安倍さんは、当然、改憲を目指していますし、当初は、「憲法九十六条改正」とおっしゃっていましたが、そのあたりもアドバイスをされているのですか。

廣田弘毅　していない。

綾織　そこはアドバイスをしていない？

廣田弘毅　そんなぬるいことはしていない。

綾織　ああ。では、ストレートに九条改正を？

廣田弘毅　九条だ。

綾織　おお！　では、そこについては、安倍さんが「言うことをきかなかった」というか、「判断を誤った」ということになるわけでしょうか。

廣田弘毅　こういうのを「人気取り」と言うの？　まあ、「ポピュリズム」と言うんですか？　そういうほうに逃れておる。弱い男だよ。うん。

綾織　はいはい。

「岸首相のころから指導していた」と明かす廣田元首相

大川隆法　この感じからすると、これは、岸さんのころから霊指導をしているようですね。

廣田弘毅　ああ、おっしゃるとおりです。おじいさんのころから指導しています。

里村　岸元首相は、「日米安保(あんぽ)の改定」から、「憲法九条改正」、さらに、「日本の独立」という道を描いていたわけですけれども（『日米安保クライシス』〔幸福の科学出版刊〕参照）、やはり、そこを指導していらっしゃるのでしょうか。

廣田弘毅　そうです。
だから、まあ、岸さんも、「日米同盟の強化」をやってはおったが、本当の本心では、「国防軍をきちんと持てば、日本も独立した国になる」と思っておった。

里村　はい、そうです。

廣田弘毅　ところが、あの当時も、それを言うと、なかなか選挙で通らないので、「日米同盟を重視する」という方針を貫(つらぬ)いておったのだ。大人なのだよ、岸さんは。

里村　はい。

憲法改正反対を唱える「日和見政党」との連立などありえない

綾織　「憲法改正」については、次の参院選でも大きな争点になっています。自民党には、ある程度、そういう気持ちがあるにしても、連立を組んでいる公明党は、「憲法九条改正反対」であり、かつ、「集団的自衛権の行使を認めない」と言っています。

廣田弘毅　ありえない。あんな公明党と、なんで連立を組めるのか。あれこそ、日和見政党じゃないか。

この数十年、貧しい人たちにお金をばら撒くことによって、票をかき集めてきたのだが、それで騙されている約七、八百万人の国民は、いいかげんに目覚めなさい。そのささやかな生活も、国を取られたら、国家というものを失ったら、すべてなくなるんだ。

なぜ、マスコミは、昨日出たような方の口から、そういうことを、もうちょっと分かりやすく説明できないんだ！　頭が悪いんだよ（本収録の前日、池上彰氏の守護霊霊言を収録。『池上彰の政界万華鏡』（幸福の科学出版刊）参照）。

首相公邸に張り付いて「ぶれる首相」を集中指導中

綾織　「自民党は、次の参院選で、おそらく勝つだろう」と言われているわけですけれども、安倍首相に対しては、その後、どうすべきだとアドバイスをしていますか。

廣田弘毅　もちろん、「憲法改正」です。

綾織　はい。それは、「自民党は、もう公明党を切って、ほかの勢力とやるべきだ」というお考えですか。

廣田弘毅　それをやるべきです。

綾織　はい、はい。

廣田弘毅　私の本心はね、（党総裁が）東大法学部を出ているからというわけじゃないけれども、幸福実現党と同じなのよ。

里村　おお。では、幸福実現党のほうも指導しておられるのですか。

廣田弘毅　いやあ、私が指導するまでもない。「神々の主」がこの政党の総裁をされているのだから、私ごときが恨み心で出てくるような状態ではない。

だから、もう、本当に一点集中するとなると、まあ、首相公邸になるわけだ。そこで一点集中して、いちばんぶれやすい安倍総理の近くで、「おまえ、間違えるなよ。おじいさんを目標に行け」という指導をしておるんだよ。

聖徳太子以降、日本の国是は「憲法」にある

里村　なるほど。なぜ、憲法改正は必要なのでしょうか。

廣田弘毅　当たり前である。この国は法治国家だからである。

里村　ほう。

廣田弘毅　法治国家たるもの、「憲法」が法の中枢なのだ。これが、国としての国是なのだ。これをカチッと固めてこそ、いろいろな法律も成り立つわけだ。そして、「国会」が立法府たるためには、まず、きちんとした憲法があって然るべきなのだ。

日本という国は、これから「世界のリーダー」となっていくんでしょう？　その際には、まず、「これは、国際基準で見ても、まともな国の憲法だ」というぐらいのものを自分たちの力でつくるべきだ。それが、戦後七十年たって初めて、「国家として

独立した」と言えるための証拠になるはずだと、私は思う。（日本は）まだ独立していないんですよ。はっきり言うと、まだ、「アメリカの属国」なんですよ。それが、今度は「中国の属国」になろうとしている。

里村　はい。

廣田弘毅　あなたたちは韓国を非難しているけれども、今の日本はまったくもって、それに似ているんですよ。分かりますか。標準の国際的な見方では、「アメリカへの日和見をやめて、中国にすり寄っている」というように、私には見えるんです。

それは、まずい！　「この国はどういう国か」という意味では、聖徳太子以降、やはり、この国の国是は憲法にあるんですよ。

ここ（幸福実現党）はカチッと、「自分の国は自分で守る」と言っていますね。

里村　はい、そうです。

廣田弘毅　そのとおりなんです。それは、国際基準で見ても、まったく正しいことなんですよ。

法律を大事にしてきた文民として許せなかった不公平裁判

里村　巣鴨プリズンにいらっしゃるときに、アメリカ占領軍、ＧＨＱによって日本国憲法がつくられていくのを、どのような思いでご覧になっていましたか。

廣田弘毅　私は文官でしたから、まあ、先ほどの近衛さんのようにはいかなかったけれども、軍人だったら、本当にあの場で、自ら腹をかっさばきたかったですよ。あんな間違った裁判でね。

裁判というのは、常に中立でなければいけないんです。公平でなきゃいけないんですよ。

里村　はい。

廣田弘毅　ところが、被告の私にとっては、弁明する機会も何もなく、一方的に裁かれた。「敗戦国だから悪だ。戦勝国は善なんだ」という、単純で、間違った善悪判断によって、私は裁かれた。それは、法律を大事にしてきた人間としてありえない。今でもそれが受け入れられていないんだ。

大川隆法　うーん。

明治維新以来の「国家分裂の危機」に揺れた二・二六事件

綾織　少し歴史の検証をしたいのですけれども、あなたが首相になられたのは二・二六事件の直後のことで、仕事としては、その後に大きな影響を与えている「軍部大臣現役武官制」の復活をされました。

例えば、軍部がオーケーしなければ組閣もできなかったり、首相のクビが取られたたりするような歴史が続いていったわけです。

これが、「日本の道を大きく誤らせた一つの失策ではないか」と言われているのですが、これについてはどうお考えですか。


廣田弘毅　二・二六事件は、まあ、みなさんも知ってのとおりですが、当時、「皇道派」という超過激なグループと、「キチッと国是、国体を固めて、組織的にこの国を守るべきだ」という「統制派」があったわけだ。

そのため、具体的には、「皇道派を抑えなければいけない」と言いつつも、やはり、軍部をまったくないがしろにするわけにはいかなかったんですよ。それをないがしろにしたら、〝二・二六事件〟は何度でも起きるんです。

そうなると、この国が明治維新を起こした意味はなくなるんですよ。もう一回、国が分裂するかもしれない。だから、軍部にある程度の力を持たせて、この国をつくっていかざるをえなかったんです。

里村　そういう意味では、「何とかバランスを取ろうとした」というわけですね。

廣田弘毅　そうです。

里村　確かに、二・二六事件のあとは、「もう近衛しかいない」と言われていたのですが、「近衛は、やや皇道派に近いから、総理をさせるわけにはいかない」ということで、廣田さんに総理の大命（たいめい）が降下（こうか）されたのですね。

廣田弘毅　そうです。

「そのあと、軍部が独走するところまで読めなかったのか」と言われたら、そこは、返す言葉がない。あそこまで軍部が独走していくのは、当時の私には予想ができなかった。それは言い訳かもしれないけれども、事実はそうなのだ。そこまで行くとは思わなかったのだ。

何せ、日清（にっしん）・日露（にちろ）と二連勝している、わが大日本の帝国（ていこく）陸軍・海軍であるから、軍部が力を持っていくのは、まあ、当然の流れではあったけれども、私は、それを少し支援してしまったという意味では、汚名をかぶっているかもしれん。

「昭和十年代の日本」の不穏な空気

綾織　あなたは、それまでずっと外交官をされていたわけですけれども、日本が日清・日露戦争に勝って軍部の独走を招く前の時点で、手を打てるポイントというのは何かあったんでしょうか。それはやむをえなかったんでしょうか。

廣田弘毅　昭和十年代の初期というのは、もう本当に若手の将校がうるそうてのう。総理になっても、いつクビを取られるか分からないぐらい、頭に血が上っておったのだ。あやつらは、話しても分からないのだ。

綾織　はい。

廣田弘毅　「とにかく、軍事力を拡張して、この国を建てないといけない」という考え方。「そこに天皇陛下を担ぎ出していく」という考え方。まあ、これは、ある意味、「文鎮型の全体主義国家になる」と、私には見えたのだ。

　そうではなく、「何とか民主的な国にできないか」というギリギリの駆け引きをしておったのだが、「とにかく、軍部にある程度の力を与えないと、もう抑えられない。そうなると、本当に、この国は暴走する」ということで、やむをえずやったのだ。

　まあ、その意味で、「第三の道」がなかったのだよ。

外務大臣・幣原喜重郎の死後の消息は？

綾織　当時の外交としてよく言われるのが「幣原外交」ですが、そちらの世界では、幣原喜重郎さんもお近くにいらっしゃるのでしょうか。それとも、別の仕事をされているのでしょうか。

廣田弘毅　幣原さんには、全然会わんなあ。

綾織　会わない？　そうですか。

里村　「腰抜け外交」の代名詞のように言われたりしていましたけれども……。

廣田弘毅　全然、会わないです。

里村　会わない。また、意見も合わない？

廣田弘毅　うーん。まあ、本人は、「バランスがいい」と思っているかもしれないが、私からすれば腰抜けだな。

里村　二・二六事件後、近衛内閣でも引き続き外務大臣をされ、先ほども少し話に出ていた、「国民政府を相手にしない」という声明を出したときにも、いろいろと日本の政治の中枢にずっとかかわり続けていたわけですが、「日本がまずい方向に行っている」というような認識は、やはりお持ちだったのでしょうか。

廣田弘毅　軍部が独走し始めたあたりから、「まずい方向に来ている」というのはあったが、もう止められなかったのだよ。

もしも「日英同盟」が復活していたら大戦は回避できた？

大川隆法　外交官同士であった吉田茂を、今の時点では、どのように認識しているのか、訊いてみましょう。

里村　吉田茂さんは、当時、外交官としてイギリスに行ったりしましたが、この方については、どのようにご覧になっていますか。

廣田弘毅　吉田茂は、私から見ても、まあ、本当にまだまだ弱腰だな。

里村　弱腰ですか。

廣田弘毅　ええ。

里村　どういう点が?

廣田弘毅　うーん。見ていると、交渉力（こうしょうりょく）がまだまだないな。

綾織　それは、戦後のマッカーサーとの交渉ですね?

廣田弘毅　そう、そうです。

里村　戦前においては、吉田さんも外交官としてやっていましたけれども、実力をあまり認められてはいないのでは？

廣田弘毅　いや、実力は、戦前のほうがあったんじゃないか。

里村　ほう。

廣田弘毅　戦争に負けてから、何か、大国に日和見するような考え方に変わったのではないか。本人を呼んで訊いてみたらどうだ。

里村　例えば、あのときに、もう少し吉田茂さんにイギリスで頑張ってもらって、「日英同盟の復活」とまではいかないにしても、何かそういう道はなかったのでしょうか。

廣田弘毅　いや、「もし、日英同盟が復活できていたら、あそこまで悲惨な戦争にはならなかった」という今の歴史認識は当たっていると、私も思う。
それができなかったのには、やはり責任があったと思う。

里村 「責任があった」というのは、外交官としてのご自身にも……。

廣田弘毅 ええ、私たちもそうだ。
とにかく、当時の世界の中心は、イギリス、そして、アメリカだったのに、それが見抜けなかった。まあ、「国際的な視野がなかった」と言われたらそれまでだ。

日清・日露戦争の連勝で既定路線となった「日本叩き」

大川隆法 まあ、日清・日露と勝ったあたりで、国際的には「日本叩き」をすることが決まっていたのでしょうね。
おそらく、このことは間違いなく決まっていて、日本は、諸外国にはめられ、包囲されていったのでしょう。

里村　東條元首相やルーズベルト大統領の霊言を頂いたときにも、「仮に、日本がどういう体制を取っていたとしても、結果的には、やはり、叩かれるほうに引き込まれていただろう」という話がありました（前掲『公開霊言 東條英機、「大東亜戦争の真実」を語る』『原爆投下は人類への罪か？』参照）。

大川隆法　絶対に叩かれていたわけです。そのまま日本軍に中国大陸を取られ、南方を全部押さえられて、一大陣営をつくられてしまったら、もはや勝てなくなるので、その前に潰さなくてはいけなかった。

まあ、そのあたりも、時間の読み合いですね。

廣田弘毅　「日本が満州国を打ち立てたことに対して、欧米が嫉妬しておったのだ」と、私は認識しております。

里村　当時、そういうものは感じられましたか。

廣田弘毅　ええ、ひしひしと。とにかく、もう本当に、「まわりは敵だらけ」という状態でしたから、「どこの国と結んでも駄目だ」という気はしておりました。だから、「満州国は日本の傀儡政権であり、『大陸の独立国を島国の日本が救った』ということは許せない」というのが、欧米の一致した意見でした。

まあ、「その根本には、やはり人種差別があった」と、私は思います。

「廣田が軍部の独走を許した」という批判に答える

里村　先ほど、「近衛閣下は、一九四一年の夏の段階で、『もはや対米開戦もやむなし』と腹を決められた」というお話もありましたが、廣田首相がご覧になって、いかがでしたでしょうか。

廣田弘毅　うーん。私も、「もう避けられない」と思ったね。

確かに、軍部の独走を許したのは私の責任と、今でも言われていると思うし、それは否定できないが、とにかく避けられなかったのだよ。もう、とにかく若手将校の思いもあったし、もうちょっと言うと、あれは国民の総意だったのだ。

里村　うーん。

廣田弘毅　「もっと行くべし」「アメリカなんか叩ける」というふうに思っておったのだよ。

ところが、アメリカに行ったことのある人間や、アメリカからの情報をきちんと持っていた人間など、「あまりにも国力に差がありすぎる」ということを知っていたのは、ごく一部だったのだ。

つまり、先ほどから言っているように、「国際的な視野を持ち、国際的な情勢判断といったものをできる人間が、当時の日本国にはいなかった」ということなのだ。そのなかでも、東條はできるほうだったのだ。

すでに開戦の四十年前から決まっていた「日米覇権戦争」

大川隆法　でも、実際には、日米戦争が起きるまでに四十年もかかっているのです。

一八九八年に、アメリカが米西戦争に勝って、フィリピンを植民地にしたときには、四十年後の日米戦争は、もうだいたい決まっていました。したがって、本当は、両国とも四十年もかけて準備をしているわけです。

もし、ロシアとの戦いに負けていれば、アメリカとの戦争も起きなかった可能性もあるでしょうが、日本が勝ってしまったために、あの段階で、四十年後の日米の覇権戦争が起きることはだいたい決まったと思います。これは、やはり覇権戦争ですね。

ドイツがイギリスを攻め落とそうと、あれほど苦労しても落とせなかったのに、日本はあっという間にイギリスをやっつけてしまっているので、そうとう強かったのは間違いないでしょう。これは、今の日本とは、プライドがそうとう違うと思われます。

三国干渉を受けたり、欧米がアジアに対して行ってきた理不尽なことの数々が、たまりにたまっていたために、日本に「アジアの代表」として戦う気があったのは事実でしょう。

ただ、あちらのほうは、まず兵站(へいたん)の部分を攻め、すべての補給路を止める戦法を使います。

それを分かっているからこそ、日本は広大な敷地(しきち)を求めて満州に入っていったのですが、石油が出なかったため、南に求めて海に出ていったときに、海戦と航空戦が生じてきたわけです。

里村　はい。

大川隆法　しかし、指揮官の能力の問題もあったので、もし、日清・日露のころの指揮官であれば、海戦で負けていない可能性があるのです。

いや、これは、そうとうな思いがありますね。

高潔な日本人を一方的に貶めた「東京裁判」への憤り

里村　それでは、もう一点、よろしいでしょうか。
廣田さんは法学士でいらっしゃるので、そういったお立場から、「東京裁判」についてお伺いします。あれは、ある意味で、ナチスの戦争犯罪を裁いた「ニュルンベルク裁判」よりも、実は、過酷で重いものだったという説もありますが……。

廣田弘毅　そのとおり。

里村　また、「南京大虐殺」ということで、戦争犯罪のように言われたり、あるいは、「人道に対する罪」ということが問われたりしましたが、これについては、どのようにお考えでしょうか。

廣田弘毅　とにかく、東條英機も言っていたと思うが、日本の軍隊は、陸軍・海軍を含めて、本当に毅然とした紳士なのだよ。徳ある人間なのだよ。「日本の国民を守る」という、この一点しかない。本当に忠実に、それを行っていた誇り高い軍人たちなのだ。そんな人間が、よその国に行って略奪したり、女性を手玉に取ったり手込めにしたりするわけないだろう。

いいか？　この間の震災を見ても分かるだろう。戦後七十年たって、これだけ「堕落した」と言われている日本人でも、震災で略奪がなかったということ。これには欧米人も驚いたはずだよ。日本国民というのは、本来、それだけ心清き、徳高き、誇り高き、そういう国民なのだよ。

だから、よその国にて略奪したり、必要以上に人を殺したりするようなことをする国民ではないのだ。

あれは、要するに、原爆を落としたあとのエクスキューズ（弁解）だよ。

「こんなに悪い国民なんだから当然だ。ナチス以上のひどいことをやったのだ。ユダヤ人を虐殺した以上のことをやったのだから、原爆を落とさざるえなかったのだ」というのは、要は、戦勝国側の、アメリカの一方的な解釈です。あんなものは、法律でも裁判でも、何でもない。

「今でも家内を愛しておる」と感謝を口にする

里村　そして、その裁判のさなか、巣鴨プリズンにいらっしゃるときに、廣田首相の奥様が、「夫が裁判で見苦しい姿を演じぬように」と案じられ、先にご自宅のほうで自決するということもございました。

しかし、周囲の方の手記には、「廣田元首相は超然としていて、何か、すべてを受け入れるような表情だった」というような記録も遺っていますが、いかなる心境でいらっしゃったのでしょうか。

廣田弘毅　妻には、今でも感謝しておる。

最後の日に、夫である私を見送った彼女の姿を見て、「本当に、ありがたい妻であった」と、今でも感謝しておる。

男が自分の使命を果たし、自分の死を覚悟したとき、最後に潔く送り出してくれた。

涙一つ見せず送り出してくれた家内のことを、今でも愛しておるし、想っておる。
あれこそ、本当に素晴らしき日本の女性だと思う。最近、ああいう毅然とした女性が日本のなかに少なくなっているのを、私は悲しく思う。

里村　本当にたいへんな愛妻家として有名でいらした廣田さんならではの言葉だと思います。

国際的視野を持ち、国を担う若者の輩出が「廣田の遺言」

里村　そろそろ時間が参りました。

大川隆法　最後に、小さいことかもしれませんが、尖閣と竹島について、今ならどうお考えなのか、少しお聴かせください。

廣田弘毅　まあ、竹島はすでに占領されているが、このまま放っておけば、尖閣も中国軍に取られます。

綾織　はい。

廣田弘毅　そして、中国は、それを足場に、先ほど近衛さんも言っていたとおり、沖縄、九州と、西のほうから取ってくる。もう、そのことが目に見えてます。だから、まあ、国際司法裁判所とか、もっともっと積極的に、公の場に出ていくべきだ。

この日本の欠点はね、要は、国際的視野が弱いことだ。だから、国際世論に訴えかける方法すら知らない。もうちょっと言うと、ロビー活動（政治的影響を与えるための私的活動）がへたくそすぎる。

綾織　なるほど。

廣田弘毅　国際的な視野を持った人間が少なすぎるんだ。それは、この国の地政学上、「島国」というディスアドバンテージ（不利な点）があるんだよ。
何日か前に、（大川）総裁が、どこか、ここと違う所で政治の話をしたな？（本収録の三日前に政治テーマのインタビューを収録。『政治革命家・大川隆法』〔幸福の科学出版刊〕参照）

里村　はい。向こうの場所（幸福の科学 教祖殿 大悟館）ですね。

廣田弘毅　あのとき、実は、私も少し聴いていたんだよ。

里村　ああ、そうでございますか。

廣田弘毅　そう。もう、この方の国際政治的な視野の広さ、高さ……。
とにかく、日本が敗戦したのはね、当時の人間が、国際政治、国際情勢といったものに、あまりにも疎(うと)かったからだ。それは、七十年たった今でも疎いんだ。

「海外に輸出して儲(もう)ければいい」という考え方で、確かに、この日本の国は高度成長期を迎(むか)えたけれども、もう、それでは駄目なのだ。

里村　はい。

廣田弘毅　今は、科学技術が進んで、武器・兵器も精度が上がっておるので、海（に囲まれた島国）だからといって、隣国(りんごく)と陸続きであるかのごとく、安心できないのだ。

だから、少なくとも、国際政治を真剣(しんけん)に学んで、国際情勢をきちっと把握(はあく)できるような人間を教育し、やはり、国の中枢(ちゅうすう)に入れなきゃいかん。

これを「廣田の遺言(ゆいごん)」として聴いておいてほしい。

これからは、ぜひ、国際政治を目指す若者をきちっと出して、バランスよく判断ができる人間を、この国から出してほしい。これが、私、「廣田の遺言」だと思ってください。

4 「中心人物」は東條英機

大反響を呼んでいる前回の「東條英機の霊言」

大川隆法　これは、やはり、確認上、東條をもう一回、簡単にお呼びして、喚問ではありませんが、前二者の考えと、少し比較してみる必要はあると思います。どんな感じで付き合っているのか、訊いてみましょう。

里村　なるほど。はい。

大川隆法　この前も降ろしましたが（前掲『公開霊言 東條英機、「大東亜戦争の真実」を語る』参照）、もし、首相公邸に出没されていることがあるのでしたら、どういうことなのか、もう一回、少し訊きたいと思います。

里村　はい。

大川隆法　東條英機元首相、申し訳ございませんが、再び、ご降臨くださいますよう、お願いします。

（約五秒間の沈黙）

東條英機　東條です。

里村　東條元首相でいらっしゃいますか。

東條英機　うーむ。

里村　再度のご降臨、ありがとうございます。

東條英機　うーん。（前回の霊言は）評判を呼んでおるようだな。

里村　はい。たいへんな反響を呼んでおります。

東條英機　いやあ、やはり、大和魂を忘れてはいかんな。

里村　はい。

東條英機　「（戦争に）負けた」ということを、七十年も謝罪し続けるような、そんな国民にはなってほしくない。やはり、悔しく思ってほしい。うーん。「悔しい」と思ってほしい。私たちの死を無駄にしないでほしいな。

里村　はい。

戦後の決算が終わるまで「敗戦責任は自分一人で背負う」

里村　今、近衛文麿さんと廣田弘毅さんのお二人から、話をお伺いしました。東條元首相は、それを聴かれていましたでしょうか。

東條英機　ああ。聴いていましたよ。

里村　どうも、日本の今の首相公邸に、ときどき、みなさまが集まられては、〝閣議〟をされているようですが。

東條英機　ああ、あの二人はね、私から説明するけど、要するに、あの二人は、いちおう、責任が免除されたんですよ。私が一人で受け止めることにしたのでね。まあ、話はしますけどね。

里村　はい。

東條英機　だから、いまだに敗戦責任を背負っている。まあ、首相官邸、公邸を巡って、いろんな議論が延々と政治でやられておるけれども、戦後の敗戦責任そのものについては、「東條一人の責任」ということで、私が全部背負っているんです。

確かに、彼らは、死刑になったり、自決したりしたかもしらんけれども、今、その罪は、別に問われていない。

ただ、私は、この「戦後の決算」が終わるまでは、自ら、「潔しとしない！」ということを決めている。昭和天皇も天上界にお還りになったが、私がとどまって、全責任を、ヘラクレスのように背負っているんです。

里村　「戦後の決算」ですか。

東條英機　そう。これが終わるまでは、私は、この重みに耐えなくてはならない。

里村　その「戦後の決算」というのは、具体的に、どういうことなのでしょうか。

東條英機　（舌打ち）だから、諸外国から責められておるし、国民からも悪の権化のように言われている「日本の戦前体制」について、公平な目で正しい評価の下るまでが、私の責任ということだ。他の首相たちの責任は、もう免除した。私一人が背負っておる。だから、ほかの人たちは、私に会いに来ているわけだ。

里村　なるほど。

首相公邸での〝指揮〟は東條英機が中心に執っている

里村　チャネラーのほうに、お移りいただいてよろしいでしょうか。

東條英機　ああ、いいですよ。

大川隆法　はい。こちら（チャネラー）へ飛ばします。少し違う人に言わせたほうが、違う内容が出るかもしれませんからね。

里村　はい。

（約五秒間の沈黙）

綾織　東條さんでいらっしゃいますでしょうか。

東條英機　そうである。

綾織　今、お二人の方にお話を聴きまして、一緒に、安倍首相にアドバイスをされているとのことでしたが、それは、「お三方それぞれがアドバイスをされている」ということでよろしいのでしょうか。あるいは、何か、一致した方針を持たれているのでしょうか。

東條英機　いや、中心は私である。

綾織　あ、中心は東條さんなのですね。

東條英機　先ほども言ったように、私自身が、すべての恨みを一身に受けておるんだ。

綾織　はい。

東條英機　やはり、「いちばん責任を負っている人間が、言うべきことを言うべきだ」ということで、私が中心である。もちろん、彼らも総理経験者であるが、あくまで、今、この首相公邸近くでの指揮は、私が中心に執ってある。

綾織　はい、はい。

近衛・廣田元首相との役割分担

里村　東條元首相にお伺いしますが、普段、みなさんが首相公邸に集まらないときにおられる霊界や場所は、それぞれ違うのでしょうか。

東條英機　うーん。普段、あの二人には会わんな。

里村　普段は会わないと？

東條英機　うーん。

里村　先般、東條元首相は、「たとえ、恨みでもって、自分がずっと地獄にいようとも」というようなことをおっしゃいましたが（前掲『公開霊言 東條英機、「大東亜戦争の真実」を語る』参照）、近衛元首相と廣田元首相は……。

東條英機　会わんなあ。ときどき、そこでは会えるのだ。

里村　なるほど。

東條英機　それ以外で、しょっちゅう話しているかというと、そんな感じはない。

綾織　近衛さんと、廣田さんは、同じところにいらっしゃるのですか。

東條英機　それは分からんが、違うかもしれん。二人とも、ほとんど重なった時期の総理経験者であるが、実は、考え方は少し違うのだ。特に私とは違う。

里村　首相公邸で〝閣議〟をされるときというのは、誰(だれ)かからの呼び出しがあるのでしょうか。

東條英機　私が呼んでおるのだ。

綾織　なるほど。

里村　東條元首相が呼んでいらっしゃる？

東條英機　そうだ。

里村　それは、つまり、「それほど、今の日本の舵取(かじと)りが、たいへん厳しい」ということでしょうか。

東條英機　大変なのだ。

例えば、今上天皇や次の皇太子も含めて、要は、皇室に、「政治発言ができない」とは言いつつも、もう少し毅然としてほしいと思っておるのだ。そのときには、近衛さんに来てもらったりしているわけだよ。彼からアドバイスをしてもらったり、あるいは、法律の改正云々とか改憲のこととかであれば、廣田を呼んでおる。

そういうかたちで、彼らの長所というか、強みを生かしながら、私が中心となってやっておるのだ。

ヒトラー・ムッソリーニと同列に並べられることへの憤慨

大川隆法　念のために、ヒトラーやムッソリーニなどと会えるか、あるいは、会ったことがあるか、そのあたりを、少し訊いてみましょう。

里村　はい。お伺いしますが、ヒトラー、ムッソリーニとは……。

東条英機　ありません！　ありえない！

里村　会わない？

東条英機　あれは、完全な独裁者でしょう？

言っておくけれども、日本は、大日本帝国（ていこく）というのは、ファシズムではないのだ！「この国を守る」「このアジアを解放する」、そういう大義名分があってやっておったのだ。

だから、彼らのように、「独裁者が出てきて、自国民を苦しめる」などということはしておらんのだ。

もちろん、「戦争に巻き込（こ）んだ」と言われたら、そうかもしらんが、それは結果であって、最初から、国民を苦しめるために戦争を起こしたわけではない。

それは、この国を守るためであったし、先ほど、誰かが、「あのままエネルギーを止められたら餓死者が出る」と言っておったが、本当に、その先が見えたのだよ。

里村　では、そもそも、ヒトラーやムッソリーニとは、東京裁判で処刑になってから、もう、まったく会わないのでしょうか。

東條英機　ありえないですよ。

里村　アプローチもありませんか。

東條英機　ない！

里村　ないのですね。

東條英機　私は、今、どこにいるのか、よく分からんが、彼らと一緒ではない。ありえない！　一緒にしてはいけない。

だけど、どうも日本の歴史では、一緒のように書いておるだろう。違うのか？

大川隆法　うーん。

東條英機　それが許せんのだ！

里村　日本の歴史だけではありません。もう、アメリカの歴史教科書でも、「三人のファシスト」のように描かれています。

東條英機　それは、国連に言って、ちゃんと正当に弁明してきてくれ！

里村　はい。

ポピュリズムの安倍首相を「羽交い締めしている」

綾織　靖国神社には、いろいろな兵士の方々の霊がいらっしゃいますが、東條さんと彼らとの関係は、どのようになっているのでしょうか。

東條英機　とにかく、靖国神社は、この戦後七十年の清算が終わり、まず、私が成仏できないと、全員は還れないと思う。

まあ、前も言ったと思うが、そのときには、総理は当然、総理だけではなく陛下も参拝し、彼らを英霊として供養していただければ、みんなが成仏できると思う。

そういう、国が国内や海外から非難されたら参拝に行かないような、そんな弱腰の閣僚なんか選ぶんじゃない！

この国のために戦った人間を、この国の代表者が供養するのは当然のことです。アメリカだって中国だって、中国はしていないかもしれないけど、まともな先進国だったらしていますよ。どうしてそれを、しっかりと国際社会で正々堂々と言えないんですか！

里村　今、そういう指導を、安倍さんにしておられるのですか。

東條英機　している。あれは放っておくと、すぐにクニャッとなるから、言っているんだよ。

私が、彼の〝精神棒〟だと思ってくれ。ぶれないようにしている。まあ、もうだいぶ、ぶれてきているけど、あなたたちも言論で助けてくれているのでね。

里村　ある意味、そういった指導が入るのが怖くて、安倍さんは公邸に引っ越されないのでしょうか。

東條英機　そうではないのかな？　先ほども言っていたように、彼にはポピュリズムの面がある。

里村　ああ。

東條英機　あのおじいさんと違って、自分には、政治力、徳力がないのを知っている。だから、「マスコミの言うように迎合していかないと、次の選挙で負けるかもしれない」というような、そういう弱いところがある。

と言っても、民主党の人間や、ほかの自民党の人間よりはいい。だから、今は、彼しかいないので、彼の背中にガシッと張り付き、この国の舵取りが曲がらないように、弱いほうへ行かないように、ポピュリズムに走らないようにと、私が必死で、後ろから羽交い締めしていると思ってくれ。

「歴史認識の誤りから来る人々の恨み」が地獄にいる原因

綾織　一つ、少し気になることがあります。「天国には行っていない」ということでしたので、今は、地獄にいらっしゃるかと思うのですが、そういう人が、アドバイスや指導をした場合、一般的には、「よい結果が生まれない」ということになってしまうのです。東條さんがアドバイスされることは、そういう一般法則と、もう少し違うものなのでしょうか。

東條英機　あなたたちの言っている地獄という定義はよく分からんが、「阿修羅地獄」とか「血の池地獄」とか、そういうところではない。

綾織　はい。

東條英機　要は、「『あなたたちが戦争を起こしたおかげで、自分の先祖は亡くなったんだ』という、その歴史認識の誤りから来る恨みの念が、まだ何百万と来るので、本来の世界に還れない」ということなんだ。

私は神々の一柱なんだよ。本来であれば、その世界に還るんだが、間違った歴史教育、間違った自虐史観を訂正してくれれば、おそらく、私は、すぐにでも本来の世界に還れる。

里村　「日本国民が不幸になることをエネルギーにしよう」などというわけでは、決してないのですね。

東條英機　それはない。とにかく、日本人を、自立した国民にしたい。そして、アジアのリーダーにしたいのだ。まあ、私は、「世界」とまでは器が大きくないけれども、少なくとも、この日本という国を、アジアで誇れる国にしたい。そこまでは私の責任だ。

石原慎太郎氏は「間違っていない」が、橋下徹氏は「論外」

大川隆法　石原慎太郎さんと橋下市長について、少し訊いてみましょう。

里村　はい。それでは、今、日本で、非常に強気な発言を続けていらっしゃる、維新の会の共同代表に、石原慎太郎さんと、もう一人、橋下徹さんという人がいますが、どうご覧になっていますでしょうか。

東條英機　石原慎太郎は、私と考えが近いんじゃないか。

里村　近いですか。

東條英機　彼も年齢が高いので、とにかく、「最後のご奉公」と思い、戦争経験者として、「二度と戦争を起こしてはいけない」と思っている。やはり、「弱腰になるのではなく、キチッと国防を固めて、エネルギーを持っておれば、戦争は起きない」ということを、彼は知っているんだよ。

だから、彼の言っていることは間違っていないと思う。

ただ、言い方とか、根回しとか、人に合わせたりするとか、そういう政治的な活動というものをしない人なので、どうしても浮いてしまう。

地方自治体の長だと言いたい放題ですが、国会議員だと揚げ足を取られる。ある意味、今、本人は、そこに、「認識不足だった」という感じがしていると思うね。

里村　それでは、橋下大阪市長のほうは、いかがでございますか。

東條英機　まあ、論外でしょう？

大川隆法　論外？

東條英機　ええ。あれは、そのへんの普通の、チンピラに近い人間が、たまさか弁護士ということで、大阪市長？　大阪府知事？

里村　はい。府知事を経験して、今は市長です。

東條英機　たまたまテレビに出たから人気があって、政治にも出ているんでしょう。
ただ、この間の「従軍慰安婦問題」もそうですが、要は、「地方の行政の長ぐらいが、国を代表した国際問題になっている『従軍慰安婦』について、自分の個人的な意見だけを言ったら、国を危うくする」ということが分かっていない。
だから、これは、「『地方分権をしたらどうなるか』というと、彼を見ていれば分かるように、失敗になりますよ」というウォーニング（警告）だ。

里村　それでは、「橋下さんを、東條元首相のような方々が、何か応援している」ということはあるのでしょうか。

東條英機　ないね。

里村　ないのですか。

東條英機　彼は、国をばらそうとしている。

里村　ああ、なるほど。はい。

東條英機　私たちは、明治維新という、尊い先輩の行為を無駄にしたくないから、この国を一つにして守りたい。

それについては、いちおう、廣田も近衛さんも一致しているんだよ。ところが、彼は、それを分解しようとしている。

また〝藩〟に戻そうとしているでしょう?　そうしたら明治維新の意味がないじゃないか。

オバマ大統領の続投は「決定的な判断ミス」

大川隆法　外交面に関し、オバマさんと習近平について、少し訊いてみましょう。

里村　はい。アメリカの現大統領であるオバマ氏は、今、財政的な困難もあって、やや内側に向いております。

一方で、中国の国家主席である習近平は、どんどん広がっていこうとしていますが、こうしたことについて、どうご覧になっているのでしょうか。

東條英機　とにかく、オバマは民主党でもあるので、今回、二期目をやったことが、アメリカにとっては「決定的な判断ミス」だね。

里村　ほう。

東條英機　ええ。本来、もっと国を強くし、世界の警察国家でなければいけないアメリカが、いよいよ、自分の国だけしか考えない国に堕（お）ちたな。

つまり、日本は、日米同盟を堅持（けんじ）しつつも、とにかく、自分の国は自分で守らなければいけない。この日本の国防力を上げていかないかぎり……。まあ、離島（りとう）が取られたぐらいでは、アメリカの軍は出動しないですよ。

里村　アメリカそのものの運命も、これから暗いものに……。

東條英機　ああ、もう、基本的には右肩下がりでしょうな。

里村　右肩下がりだと？

東條英機　ええ。

経済に疎い習近平体制下の中国は「まもなく崩壊する」

里村　それでは、そのときに同じく、中国の代表であり、この間、オバマ大統領と八時間も話をしたという、習近平のほうはいかがでしょうか。

東條英機　ハッピー・サイエンスでの分析(ぶんせき)は正しい。私もそうだが、この方は、経済のことが分かっておらんのだよ。

里村　はい。

東條英機　だから、基本的に、中国はふたを開(あ)けたら、もうガタガタのはずだ。国民所得の差がそうとう開き、約八億人いると言われている所得の低い方々が、いつ暴動を起こすか分からない状態が、今年か来年には来るさ。そうしたら、もう抑(おさ)えられなくなるよ。

とにかく、「あの国は、もう崩壊(ほうかい)する」と見ているけれども、軍事力が強く、軍部が独走してくる可能性がある。それを習近平が抑えられなくなったときに、キチッと防衛できなければ、この日本の国は滅(ほろ)ぶ。

大川隆法　うーん。

東條英機　危ない。

社会の木鐸(ぼくたく)であるマスコミは「公平に報道せよ」

大川隆法　あと、参院選後は、いったい、どうなると見ているのですか。

里村　はい。参院選後はどうなるのでしょうか。

東條英機　また自民党が大勝するのはいいけれども、自民党だけが大勝し、連立と言いつつ公明党と引っ付いて、憲法の改正もできず、結局、国防軍が実現化しないまま、次の選挙まで何も手が出せないようだと、もう、この国は決定的に滅びます。

大川隆法　幸福実現党は、またしてもマスコミのからかいの対象になる予定ですが、どう考えますか。

東條英機　もうねえ、「マスコミは、本当にいいかげんにしろ！　この国を滅ぼしたいのか！」ということなんですよ。

彼らは、広告収入で生きているんだろう？　新聞とかも、それで生きているんだろう？　そのお金を払(はら)っているのは国民なんだろう？　「国家がなくなったら、国民がいなくなる」ということであり、その結果、マスコミは潰(つぶ)れる。

彼らは利害関係でやっているのかもしれない。自分の会社の営利目的でやっているのかもしれないけれども、マスコミというのは、社会の木鐸(ぼくたく)でしょう？　日本に危機が来ているんだったら、「危機が来ている」と、きちんと言いなさい。そして、どこの政党がまともなことを言っているのか、きちんと公平に言いなさいよ。

それは、宗教がどうのこうのではない。宗教に対する理解も、この数十年で、日本の国民は失ってしまったけど、でも、その政党の人間が出している政策が本当に国のためになるかどうか、キチッと公平に出し、そして判断を国民に委(ゆだ)ねるべきだ。それまでのパイプ役がマスコミなので、権力を持ちすぎているんですよ。

大川隆法　少し、しっかりしすぎているので、最後に、安倍さんの守護霊を少し呼んでみて、お三方(さんかた)についての意見を聴くべきだと思います。それでは、少し呼んでみますね。

東條英機　私は、ここで、だいぶ勉強したんですよ。

里村　いやいや。ありがとうございます。

大川隆法　いや、こんな地獄霊がいたら大変です（笑）。まあ、勉強しすぎていますね。

5　安倍首相守護霊に「国を守る気概」を問う

できるかぎり「ハトの顔」をしなければ選挙に勝てない

大川隆法　（両手の人差し指を立てて、腕を胸の前で交差させる）では、安倍首相の守護霊よ、安倍首相の守護霊よ。幸福の科学に降りたまいて、意見を述べてください。安倍首相の守護霊よ、安倍首相の守護霊よ。

安倍晋三守護霊　安倍でございます。

里村　安倍首相の守護霊様にお伺いします。

安倍晋三守護霊　ああ、いつもお世話になっております。

里村　こちらこそ、お世話になっております。

今、三人の首相経験者である、東條英機さん、廣田弘毅さん、そして、近衛文麿さんのお話がございましたが、聴かれていましたでしょうか。

安倍晋三守護霊　まあ、公邸には移らんほうがよろしいでしょうな。

里村　あ！　守護霊様としては、「公邸に移られたほうがいい」と？

安倍晋三守護霊　移らないほうがいいと思いますね。

里村　移らないほうがいい？　それは……。

安倍晋三守護霊　話を聴いていて、「移ると、敵がもっと増える」ということがよく分かりました。

里村　敵？

安倍晋三守護霊　ええ。国内にも国外にも、たくさん、敵ができることはよく分かりましたので、私の政治生命が短くなることは予想ができきました。

綾織　それは、「そのまま言うことをきくわけにはいかない」ということですね？

安倍晋三守護霊　そのとおり言ったら、〝集中砲火（ほうか）〟でしょう。

里村　誰（だれ）から、〝集中砲火〟を受けると？

安倍晋三守護霊　それは、国会で〝集中砲火〟。マスコミから〝集中砲火〟。国外から〝集中砲火〟。

里村　しかし、ある意味で、その〝集中砲火〟から守るためにも、今回の参議院選挙で大きな票を得ようとしておられるわけですよね。

安倍晋三守護霊　そのためには、できるだけ、「ハト」の顔をした「タカ」でなければいけないんですよ。

里村　安倍首相は、本当に「タカ」でいらっしゃるのですか。

安倍晋三守護霊　「タカ」ではあるんですけど、「ハト」の顔をしなければ、（選挙に）勝てないんですよ。

憲法改正を三年後に延ばすかどうかで「揺(ゆ)れている」

綾織　では、選挙に勝ったあと、こうした意見を実行に移すこともないわけですね？

安倍晋三守護霊　今は、野党が、全部、囲み取(ど)りに入ってきて、包囲殲滅(せんめつ)戦をされかかっているわけで、（投開票日まで）あと十日(とおか)ちょっとですが、「もつかな？　どうかな？」という、非常に厳しい状況(じょうきょう)です。

里村　ただ、今、安定多数を取ろうかという勢いでございますので……。

安倍晋三守護霊　いやあ、分かりませんねえ。参院選の場合は、前の経験もありますので、直前に猛攻(もうこう)を受け、集中打を受ける可能性があります。

里村　「もしかしたら、自民党だけで過半数を取れるかもしれない」というような話も……。

安倍晋三守護霊　いや。そう、「勝つ、勝つ」と言われると、負けることがあるので……。

里村　参院選後にも、きちんと検証できるようにするためにお伺いしますが、仮に、今回、参議院選挙の結果として、それなりの数を得ることができれば、今、東條さん、廣田さん、近衛さんがおっしゃったような方向で、日本をしっかりと守りますか。あるいは、「アジアの盟主になる」という方向で、日本を引っ張っていかれますか。

安倍晋三守護霊　いやあ、あの、たくさんある野党の口を封(ふう)じないと、ちょっと、きついですねえ。党首討論をやっても、「私一人対野党」ですから。

里村　しかし……。

安倍晋三守護霊　マスコミでも、テレビでも、そうです。

里村　でも、議会においては、衆参のねじれが解消されて、実は、まったく、そういう心配がなくなり……。

安倍晋三守護霊　（参院選では）法律をつくれるところまでは行くと思います。要するに、参議院をスッと通るところまでは行くと思うんですが、「憲法改正のところまで行けるかどうか」については、あと十日余りですけども、包囲網が、かなり厳しくなってきているので、分からない。

綾織　参院選が終わったあとでいいのですが、憲法改正に向かっていく気持ちはないのですか。

安倍晋三守護霊　うーん。それは、「三年後まで延ばすかどうか」に、今、テーマが移りつつある。ちょっとグラグラしている。

里村　しかし、それでは、渡部昇一さんや岡崎久彦さんなど、政治家ではない方も含めて、安倍さんの再登板を願った方々の気持ちを裏切ることにもなってきます。

安倍晋三守護霊　いやあ、でも、もう、もたないですね。これは、もう、戦艦大和が沖縄に向かったときのような感じで、〝上からの攻撃〟が、すごすぎるので……。

「国防問題」に触れることによる支持率低下を心配

里村　それでは、チャネラーのほうに移っていただきます。

大川隆法　はい。では、そちら（チャネラー）へ入ってください。

（約五秒間の沈黙）

里村　安倍さんの守護霊様、チャネラーに移られましたね。

安倍晋三守護霊　はい。

里村　今、少し話が出ましたが、あなたの再登板を願った方々の期待を裏切るようなかたちでの延命を考えていらっしゃるのですか。

安倍晋三守護霊　うーん。やっぱり、家から通うわ。

里村　え？

安倍晋三守護霊　家から通う。

里村　（苦笑）

綾織　それは、それでいいのかもしれませんが、今は、仕事の話です。国民は、「憲法改正など、そういう国防強化のところを、参院選後に、やるのか、やらないのか」というのを見ているわけです。

安倍晋三守護霊　うーん。今も言ったように、とにかく、次の選挙は勝てると思うけど、勝ちすぎると、おそらく、また、マスコミが野党を煽ってくると思うね。

綾織　はい。

安倍晋三守護霊　そうすると、憲法改正もできない。「国防軍」や「国防」なんていう言葉を出した瞬間に、グーッと支持率が落ちてくるのは目に見えているのでね。私は、総理を二回やっているから、それが分かるのよ。

里村　その支持率というものを気にされるところを、先ほどから、三人の首相経験者は、「ポピュリズム」とおっしゃっていました。

安倍晋三守護霊　次の衆参同時選挙までは、総理をやりたいです。それが、私の目標です。

外交・国防問題については、「まあ、大丈夫でしょ？」

綾織　その間に、仕事としては何をやるのですか。

安倍晋三守護霊　それは、あなたたち、勉強しているでしょ？　「第三の矢」ですよ。成長戦略で、日本の経済を発展させる。そして、国民所得を上げていけば、大半は黙るでしょうね。

綾織　外交や国防の部分は、どうするのですか。

安倍晋三守護霊　まあ、大丈夫でしょ?

綾織　大丈夫……(苦笑)。

里村　いいえ。国防問題で、日本に安全保障上の重大な危機があれば、どんな成長戦略を描いても、日本の株価が上がることはありません。逆に暴落します。

安倍晋三守護霊　そこは、外交戦略の一つとして、中国が少しジャブを打ってきても、毅然とした態度で打ち返せば、民主党のようになめられないですよ。私には、「その上手な線引きはできる」という自信があるね。

里村　「上手な線引き」とおっしゃいますが、現実に、安倍首相は、オバマさんと、大した時間、話もできていません。一方で、オバマさんは、習近平と八時間も話をしています。しかも、向こう（習近平）は、一生懸命、「オバマ大統領と会って、これだけ話をしたのだ」ということを、見事にＰＲしていますよ。

安倍晋三守護霊　まあ、伝わってきていないところもあるからねえ。

結局、「米中で太平洋を割る」なんていう話があったけど、逆に、オバマが珍しく、「尖閣でひどいことをすると、アメリカは黙っていないよ」と言ったようです。オバマから、ちゃんと連絡をもらいましたので、私は、すっかり安心しました。

左翼系マスコミの「支持率操作」を極度に恐れる

里村　外交の情勢分析は、もう結構です。端的に言って、憲法改正をするのですか？しないのですか？

安倍晋三守護霊　うーん。今、この選挙の前に、それを言うと、支持率が下がって、「三分の二」も危なくなる。

里村　いや、それを言わなければいけないんです。選挙のあとも含めて、どうなのですか。仮に、今の情勢のまま、参院選が終わったとして、どうします？

安倍晋三守護霊　「三分の二を取ったら」ってことですか。

綾織　そうですね。

安倍晋三守護霊　ねじれが解消されて、まあ、マスコミの動静とかも見ながら、今、自民党内でも練っている、「新たな改正憲法案」で、上手にまとめることができた場合のみ、考えてもいいかな。

里村　ちょっと待ってください。言葉の遊びのような、あるいは、官僚答弁と言われるようなお答えは、やめていただきたいのです。

安倍総理の守護霊様としては、憲法改正をするつもりなのですか？　しないつもりなのですか？

安倍晋三守護霊　だから、支持率が下がらないなら、するよ。

里村　では、過半数が取れたら、どうするのですか。「過半数を取る」ということは、基本的に、「支持率がある」ということですよ。

安倍晋三守護霊　でも、取ったあとに、特に左系のマスコミが、よく、「どんどん支持率が下がっていく」みたいなグラフを出すじゃないですか。そしたら、また……。

大川隆法　そうですね。「今、五十パーセントに近づいているかもしれない」という感じは、私にもあるのですけれどもね。

安倍晋三守護霊　そうです。（質問者に）あなた、知ってる？　この間、会期ギリギリまで野党がやっていたことを。

参議院でね、私は、〝不信任〟を上げられたのよ。

里村　問責決議ですよね。

安倍晋三守護霊　そう。

里村　可決されました。

安倍晋三守護霊　国民のためになる重要な法案を、幾(いく)つか上げていたのに、それを全部、反故(ほご)にされちゃったのよ。

それなのに、マスコミは、一切、「野党がひどい」なんていう報道をしないじゃない？　僕は、あれを見て、「ちょっと考えないといかんなあ」と思ったのよ。

里村　いや、ですから、私どもからすると、そこで考え込むところがおかしいのです。

「ねじれ解消」を勝敗ラインと考え、憲法改正から逃げている

里村　先ほどの三人の首相経験者も、「おじいさまである岸首相は立派だった」とおっしゃっていました。

なぜならば、あれだけ国会を二十万人に囲まれたり、樺美智子さんという東大生の女性が亡くなられたりしても、キチッと、やるべきことはやったからです。あなたには、あの精神がおありなのですか。

安倍晋三守護霊　ええ。だから、祖父から教えてもらった「日米同盟」は守ります。

里村　え？

安倍晋三守護霊　日米同盟は、このまま強化します。

里村　それだけでは、日本を守れませんよ。

安倍晋三守護霊　守れますよ。だって、この間も、オバマさんは、私に電話してきて、「もし、中国が尖閣に本格的に攻めてきたら、必ず支援する」と約束してくれたからね。

里村　そんなことは分かりません。なぜなら、オバマさんは、シリアに関しても、「サリンを使ったら、軍事行動を検討する」と言いながら、やっていないのですよ。

安倍晋三守護霊　だって、シリアと日本では、全然、米国の位置が違うじゃないですか。

里村　まあ、位置は違いますが、「他人の言葉を信用して、自分の家の備えを任せる」という考え方は、おかしいですよ。

大川隆法　これは、「マスコミと野党の攻撃が激しすぎたら、憲法改正は、少し先延ばしにしてもいいから、『ねじれ解消』のところまでは勝たせてほしい。そのあたりを勝敗ラインとして考えている」と読むべきでしょうね。

憲法改正を三年後ぐらいに延ばそうとしています。うーん。精神的には、負けかかっていますね。

里村　岸首相の場合、日米同盟の先に、「自主防衛」というものがあったのですが、そういったものは、やはり、おありではない?

安倍晋三守護霊　まあ、今、そんなことを言ったら、危なくなるじゃないですか。

里村　では、三年間、何をされるつもりなのですか。

安倍晋三守護霊　だから、何度も言っているじゃないですか。経済成長です。「第三の矢」を、パーンと放ちますから。

里村　しかし、それは、大川隆法総裁の指南がないとできないのではないですか。

安倍晋三守護霊　それは、ちゃんと秘書が届けてくれるから。

里村　いやいやいや。

安倍晋三守護霊　経典（きょうてん）だけは、読ませていただいていますので、今後も、よろしくご指導をお願いします（合掌・拝礼する）。

北朝鮮問題には、「毅然とした態度で交渉する」？

里村　三年の間に、北朝鮮のミサイルが完成しますよ。核を搭載したミサイルが完成して、日本は、「飛ばせるぞ。飛ばすぞ」と、脅されることになります。

安倍晋三守護霊　「北の脅威」も、あなたたちが言うほどではないじゃないですか。

里村　いやあ、待ってください。現実に、北朝鮮が、「核実験をやって、小型化に成功したから、核ミサイルを持つ」と言ったら、どうされるのですか。

安倍晋三守護霊　でも、物資を供給している中国が、ちょっと危なくなってきているので、中国が、北朝鮮をグッと抑えれば、いきなり、日本には撃ってこないでしょ？

里村　「北朝鮮の核兵器や軍備は、大したことがない」とおっしゃっているわけですが、そうしますと、拉致問題はどうされますか。

安倍晋三守護霊　ああ、拉致問題はやりますよ。

里村　拉致問題はやる？　ただ……。

安倍晋三守護霊　拉致問題は、責任を持って、返してもらうために交渉します。

里村　どうやって解決されます？

安倍晋三守護霊　うーん。それは、北朝鮮の出方によるけど、あの国は、もう、そんなにもたないでしょ？　そのうち……。

里村　北朝鮮が核兵器を持つのですよ。向こうのほうが圧倒的に強い立場に立っているのに、どうやって交渉されるのですか。

安倍晋三守護霊　まあ、交渉しますよ。

里村　それでは、交渉ができないでしょう?

安倍晋三守護霊　毅然とした態度で交渉しますよ。

里村　「毅然とした態度」というのは、日本の政治家が、何かあると、昔から使ってきた言葉です。しかし、それで、何もよくなっていません。拉致問題も、何も進んでいませんよ。

安倍晋三守護霊　いやあ、民主党よりは、全然、進んでいますし、拉致被害者も、

「安部総理しかいない」って、常に、私は聞いていますから。

里村　いやいや。今、韓国も、どんどん、中国と組むようになっているんですよ。〝毅然とした対応〟を取られているうちに。

安倍晋三守護霊　うーん。

里村　これは、どうされますか。韓国が中国と組むと、拉致問題は解決する方向に行きますか。

安倍晋三守護霊　まあ、韓国はねえ、ああいう国だから、「しょうがないな」って、私も思いますよ。

「理念が違(ちが)う公明党」と連立を続ける理由

綾織　政権の枠組(わくぐ)みとしては、公明党と連立してやっていくことになると思うのですが、公明党は、憲法改正に反対で、特に、「憲法九条改正に反対」、そして、「集団的自衛権も絶対に認めない」と言っています。これからの三年間、このまま、ずっと続いていくわけですか。

安倍晋三守護霊　まあ、しばらくはね。

綾織　しばらくは？

安倍晋三守護霊　うん。とにかく、国民が今、欲(ほっ)しているのは、国防よりも、要は、経済成長なんです。

里村　国民が欲していることも、もちろん、大事ですが……。

安倍晋三守護霊　そうです。国民の……。

里村　その一歩先を行き、「国民を守る」ということも大事ですよね。

安倍晋三守護霊　私が、国会で言ったように、経済成長をしていって、世界ナンバーワンを目指します。そして、もう一回、中国から奪還すれば、中国も黙るでしょ？

里村　そうすると、安倍首相の守護霊様としては、「根本的な理念、あるいは、精神、志というものが違っても、公明党との連立は続けるつもりだ」と？

安倍晋三守護霊　そうじゃないと、「三分の二」が確保できないじゃないですか。

綾織　参院選で「ねじれ」が解消されても、政権内は、大事な国防、外交の問題で、ねじれ続けているわけですよね。

安倍晋三守護霊　うーん。

綾織　これは、「何も仕事ができない」ということですよね。

安倍晋三守護霊　国防のところでは、確かに、公明党とは一致してないのは分かっていますよ。でも、経済成長のところでは、彼らも賛同してくれていますから。

「経済成長」しか頭にない様子の安倍首相守護霊

里村　ただ、自民党のなかにも、親中派が多いですよ。

安倍晋三守護霊　多いねえ。

里村　そういう状況で、あるいは、中国と韓国が組むという状況で、どうやって日本を守っていかれるのですか。また、経済成長が守られる見通しはあるのですか。

安倍晋三守護霊　ですから、それは、アベノミクスでやっているとおり、「日本の経済がよくなってくれば、中国や韓国等も黙ってくる」と見ているわけですよ。

里村　まあ、だいたい分かりました。要するに、「経済さえよければ、なんとかなるだろう。それ以外の考えは、あまりない」というわけですね。

安倍晋三守護霊　「なんとかなる」って、それは失礼だよ、君。

里村　え？

安倍晋三守護霊　要は、私が政権を取ってから、この半年間で、支持率が急回復した理由を訊いたら、ほとんどの人は、「経済がよくなってきた。そんな期待が持てるから、自民党」と言いますよ。ね？　国民が、そう言っているじゃないですか。

里村　しかし、安倍首相の守護霊様には、「人はパンのみにて生くるにあらず」という言葉を、もう少し味わっていただきたいと思います。

安倍晋三守護霊　国民が、それを欲しているんですよ。

自民党の後継者は、「三年以内に出てくればいい」

大川隆法　後継者としては、誰を考えていますか。

安倍晋三守護霊　今のところ、いないね。とにかく、石破だけは困る。

里村　困る？　なぜですか。

安倍晋三守護霊　だって、もともと、そんなに（笑）、仲がいいわけじゃないですから。

里村　小泉進次郎（こいずみしんじろう）は、いかがですか。

安倍晋三守護霊　いや、あれは、ちょっと目立ちすぎている。今回、横須賀（よこすか）の市長選で、元副市長を応援させて、負けさせた。あれは、いろいろ考えたのよ。

里村　ああ。

安倍晋三守護霊　あれで、ちょっと味噌（みそ）が付いたので、彼は、「一回、次の番に回る」ということで、当面、私を脅（おびや）かす者はいない。

今回、選挙で大勝すれば、ますます、私の地位は確立するね。

綾織　麻生(あそう)さんが、次の総理を狙(ねら)っているところもありますけれども……。

安倍晋三守護霊　ま、それはないでしょう。二回目は、私で終わりですよ。

綾織　ほう。

安倍晋三守護霊　ほかの人に二回目はないですよ。私だから、二回目ができる。

里村　まあ、二回目の人は、もう懲(こ)りるという意味で……。

安倍晋三守護霊　もう、やらないでしょう。だって、国際的に、あんな顔を出したら、基本的に、また円が売られますよ。

里村　しかし、安倍さんが永遠に総理ということはありません。つまり、「自民党は、もう終わる」という……。

安倍晋三守護霊　いやいや。「終わる」っていうか、三年以内に、また次の人が出てくればいいじゃないですか。

里村　新しい顔が、ですか。

安倍晋三守護霊　うん。私は、次の衆参同時選挙ぐらいまでは責任を持ちます。

里村　とにかく、今のところ、後継者というのは、まったく考えていないわけですね。

安倍晋三守護霊　うん？　だって、私が、ダントツの支持ですから。

「幸福実現党の政策」に頼り切っている安倍首相守護霊

安倍晋三守護霊　あと、言っておくが、おたくの成長戦略はいいので、また、ちゃんと総裁に説法してもらって、その経典をください。

里村　いやいや。何もしないなら、誰も、あなたの延命は支持しませんよ。

安倍晋三守護霊　実は、成長戦略についてねえ、今、自民党のブレーンでは、ちょっと、あまりいい案が出なくて……。

里村　（苦笑）

安倍晋三守護霊　おたくの政策を、もう一回、キチッと練り直して、選挙後にください。

里村　いいえ、大概にしていただかないと。「きちっと、この国を守る」という意志がなければ、協力はできません。

安倍晋三守護霊　いや、国を守る意志はありますし、幸福実現党さんに議席はないけど、ちゃんと情報を頂いて、基本的に、今、それに沿ってやっているんですから。

綾織　国防のほうも、やってください。

大川隆法　分かりました。だから、東條さんは、首相公邸にへばりついているわけですね（笑）。建物にへばりついて（笑）、磁場を張っている感じです。

安倍晋三守護霊　最近、あの人が、夜な夜な出てきて叱りつけてくる。「おじいさんか」と思ったら違っていたんで……。

里村　（笑）

安倍晋三守護霊　おじいさんには、あんな髭なかったし……。ああ、そうだったんですかぁ（会場笑）。なんだか寝苦しくて、「暑いからだ」と思っていたけど、東條さんですか。

（質問者に）あなた、宗教家でしょう？　お祓いしてください。「もう、あなたの時代は終わった。もう戦後は終わっているんだ」と言って……。

里村　それで、安倍首相は、アメリカの殺人もののテレビドラマを夜中まで観ているわけですね。

安倍晋三守護霊　やっと原因が分かった。今晩から、少し枕を高くして寝れそうです。

里村　（笑）

安倍晋三守護霊　とにかく、私は、大事な立場なので……。

安倍首相は「マスコミ時代の政治家」にすぎないのか

大川隆法　これは、三人の元首相から見ると、かなり弱いですね。これは、そうとう弱いです。残念だけれども、おそらく、期待外れの結果が出てくる可能性はありますね。

安倍晋三守護霊　私は、弱いというか、素直なんですよ。

大川隆法　結果次第ですね。要するに、選挙の結果次第で、反応を変えるような態度ですから、これは、「マスコミ時代の政治家」ですね。「マスコミに操作される時代の政治家」ということなのでしょう。

里村　もう、そういう時代は、われわれが終わりにしていかないといけないと思います。

大川隆法　しかたがない！　私たちは、「損な役を延々と続けるかどうか」を決めなければいけないわけですね。この総理には、考える頭がありません。つまり、私たちが、やる気をなくしたら、「そこで終わり」ということのようですね。

里村　早く、幸福実現党が議席を持てるように、できるかぎり頑張(がんば)っていきます。

大川隆法　いやあ、マスコミも教育が大変ですからね。

客観的には厳しい状況が続く幸福実現党

大川隆法　「猛暑を涼しく過ごそう」と思って、首相公邸の幽霊を透視したら、たいへんな問題を抱えていることが分かりました。

三人の元首相たちは、「何とか、この国を守りたい」と思っているようですが、「生きている人間に人材が足りなくて、教育できかねる」ということのようですね。

ハァ（ため息）。

（質問者に）参院選が終わっても、まだ戦いますか。

里村　はい。この国や世界のために、もう一段、頑張ってまいります。

大川隆法　厳しい戦いですが、宗教的な根性は鍛えられますね。

もし、三年後まで引っ張られると、幸福実現党は、立党して七年になりますか。

里村　はい。

大川隆法　もしかすると、「苦節七年」になるかもしれません。

里村　いやいや。

綾織　まだ、今回の参院選も終わっておりませんので、あと一週間ちょっと、頑張ります。

大川隆法　客観的には、まだまだ厳しいです。

里村　確実に得票を積み重ねていくことも大事ですから……。

大川隆法　票が何倍にもなるほどの人気が出ていないことだけは、今、感じています。

以前よりは、少しだけ追い風ですが、微風（びふう）ですよね。何倍にもなるような風は、まだ吹（ふ）いていません。

里村　いきなり十合目には登れませんが、三合目から五合目、六合目と、確実に、上がっていっています。

大川隆法　ええ。ただ、プラス五万票ぐらいでは、何も動きません。やはり、五倍とか十倍とかになってくれないと、どうにもならないのです。

里村　みんな、本当に頑張っています。一生懸命、頑張ります。

大川隆法　（笑）編集部は、また徹夜（てつや）でしょうかね（会場笑）。

里村　（笑）

大川隆法　しかし、これは、参考資料として読んでもらう必要があるかもしれませんね。

里村　国の運命がかかっておりますので、頑張ってまいります。

綾織　啓蒙(けいもう)してまいります。

大川隆法　まあ、でも、長くなるから、そろそろ終わりましょうか。

里村　はい。

クオリティ的に憲法改正まで行けない安倍首相

大川隆法　解決はつきませんでしたが、日本の中枢部(ちゅうすうぶ)の事情がよく分かりました。

これは、おそらく、高天原の「地下の空洞」か何かが、この首相公邸の所にあるようです。だから、ときどき、ここで集まって、〝会議〟ができるのでしょうね。もう、人材枯渇です。これは、人材が枯渇していますね。

里村　日本の政治の人材枯渇です。自民党も枯渇しています。

大川隆法　〝猛暑〟を耐え抜かねばならないようです。宗教のほうに、もう一段、粘る力がないと、もたないですね。

里村　はい。力をつけて、頑張ってまいります。

大川隆法　自民党が公明党と組んだ以上、このままでは、おそらく何も動かないと思います。自民党単独で、大勝しないかぎり、憲法改正までは行かないでしょうね。ただ、客観的情勢が厳しくなってきているのは、私も感じているところです。

安倍さんは、二回やった首相として名前を遺すぐらいで終わりになるか、あるいは、法案が通るようになり、周辺の法律を少しつくって、尖閣周辺の警備を強くするぐらいで終わりかもしれません。

残念ですが、クオリティ的には、憲法改正まで行かないようではあります。

里村　議席を持って、力になるまで、幸福実現党は、とにかく啓蒙のほうで頑張っていきます。

大川隆法　最終の結論までは出ませんでしたが、少し予想外の硬派の議論になって、幽霊話は終わりになりました。

里村　はい（笑）。

大川隆法　では、今日は、ここまでにしましょう。

里村　ありがとうございました。

大川隆法　ありがとうございました。

あとがき

東條英機という人は、責任感の塊のような激誠の人に思われた。ヒトラーやムッソリーニとも違う。単なる地獄霊ではない。首相公邸に陣どり、三百万人の英霊を成仏させ、戦後の日本に浴びせかけられた不名誉の数々をはじき返し、この国を真の独立国家とし、外国からの侵略をくい止める覚悟なのだ。昭和天皇の戦争責任も、他の首相の戦争責任も、自分一人で肩代わりするつもりなのだ。この意味で吉田松陰や西郷隆盛を彷彿とさせるものがある。

同じく戦争責任を問われた近衛文麿や廣田弘毅元首相も、考え方にいく分かの違いはあれど、日本の憲法改正と国防強化の推進のため、時折、首相公邸に集まっているようだ。この三体の霊とも、それぞれ日本草創期の神々の一柱であったことは疑いをいれない。

安倍首相よ、野党連合・マスコミの批判や、中国、北朝鮮、韓国らの過(あやま)てる歴史認識に敗れることなかれ。今こそ、先人(せんじん)の気迫(きはく)に学ぶべき時だ。

二〇一三年　七月十一日

幸福(こうふく)の科学(かがく)グループ創始者兼総裁(そうししゃけんそうさい)　大川隆法(おおかわりゅうほう)

『「首相公邸の幽霊」の正体』大川隆法著作関連書籍

『政治革命家・大川隆法』(幸福の科学出版刊)
『ネバダ州米軍基地「エリア51」の遠隔透視』(同右)
『遠隔透視 ネッシーは実在するか』(同右)
『フランクリー・スピーキング』(同右)
『日米安保クライシス』(同右)
『池上彰の政界万華鏡』(同右)
『公開霊言 東條英機、「大東亜戦争の真実」を語る』(幸福実現党刊)
『原爆投下は人類への罪か?』(同右)
『本多勝一の守護霊インタビュー』(同右)

「首相公邸の幽霊」の正体

――東條英機・近衛文麿・廣田弘毅、日本を叱る！――

2013年7月19日　初版第1刷

著　者　　大川隆法

発行所　　幸福の科学出版株式会社

〒107-0052 東京都港区赤坂2丁目10番14号

TEL(03)5573-7700

http://www.irhpress.co.jp/

印刷・製本　株式会社 堀内印刷所

落丁・乱丁本はおとりかえいたします

ISBN978-4-86395-362-8 C0030

大川隆法 ベストセラーズ・最新刊

大川隆法の守護霊霊言

ユートピア実現への挑戦

あの世の存在証明による霊性革命、
正論と神仏の正義による政治革命。
幸福の科学グループ創始者兼総裁
の本心が、ついに明かされる。

1,400円

政治革命家・大川隆法

幸福実現党の父

未来が見える。嘘をつかない。タブー
に挑戦する──。政治の問題を鋭く
指摘し、具体的な打開策を唱える幸福
実現党の魅力が分かる万人必読の書。

1,400円

素顔の大川隆法

素朴な疑問からドキッとするテーマま
で、女性編集長3人の質問に気さくに
答えた、101分公開ロングインタビュー。
大注目の宗教家が、その本音を明かす。

1,300円

※表示価格は本体価格（税別）です。

大川隆法 霊言シリーズ・現代政治へのアドバイス

大平正芳の大復活
クリスチャン総理の緊急メッセージ

ポピュリズム化した安倍政権と自民党を一喝！ 時代のターニング・ポイントにある現代日本へ、戦後の大物政治家が天上界から珠玉のメッセージ。
【幸福実現党刊】

1,400円

中曽根康弘元総理・最後のご奉公
日本かくあるべし

「自主憲法制定」を党是としながら、選挙が近づくと弱腰になる自民党。「自民党最高顧問」の目に映る、安倍政権の限界と、日本のあるべき姿とは。
【幸福実現党刊】

1,400円

サッチャーのスピリチュアル・メッセージ
死後 19 時間での奇跡のインタビュー

フォークランド紛争、英国病、景気回復……。勇気を持って数々の難問を解決し、イギリスを繁栄に導いたサッチャー元首相が、日本にアドバイス！

1,300円

※表示価格は本体価格(税別)です。

大川隆法霊言シリーズ・中国・韓国・北朝鮮の思惑とは

安重根は韓国の英雄か、それとも悪魔か

安重根 & 朴槿惠大統領守護霊の霊言

なぜ韓国は、中国にすり寄るのか？ 従軍慰安婦の次は、安重根像の設置を打ち出す朴槿惠・韓国大統領の恐るべき真意が明らかに。

1,400 円

神に誓って「従軍慰安婦」は実在したか

いまこそ、「歴史認識」というウソの連鎖を断つ！ 元従軍慰安婦を名乗る２人の守護霊インタビューを刊行！ 慰安婦問題に隠された驚くべき陰謀とは⁉

【幸福実現党刊】

1,400 円

北朝鮮の未来透視に挑戦する

エドガー・ケイシー リーディング

「第２次朝鮮戦争」勃発か⁉ 核保有国となった北朝鮮と、その挑発に乗った韓国が激突。地獄に堕ちた〝建国の父〟金日成の霊言も同時収録。

1,400 円

中国と習近平に未来はあるか

反日デモの謎を解く

「反日デモ」も、「反原発・沖縄基地問題」も中国が仕組んだ日本占領への布石だった。緊迫する日中関係の未来を習近平氏守護霊に問う。

【幸福実現党刊】

1,400 円

※表示価格は本体価格（税別）です。

幸福の科学グループのご案内

宗教、教育、政治、出版などの活動を通じて、地球的ユートピアの実現を目指しています。

宗教法人　幸福の科学

一九八六年に立宗。一九九一年に宗教法人格を取得。信仰の対象は、地球系霊団の最高大霊、主エル・カンターレ。世界百カ国以上の国々に信者を持ち、全人類救済という尊い使命のもと、信者は、「愛」と「悟り」と「ユートピア建設」の教えの実践、伝道に励んでいます。

（二〇一三年七月現在）

愛

幸福の科学の「愛」とは、与える愛です。これは、仏教の慈悲(じひ)や布施(ふせ)の精神と同じことです。信者は、仏法真理をお伝えすることを通して、多くの方に幸福な人生を送っていただくための活動に励んでいます。

悟り

「悟り」とは、自らが仏の子であることを知るということです。教学(きょうがく)や精神統一によって心を磨き、智慧(ちえ)を得て悩みを解決すると共に、天使・菩薩(ぼさつ)の境地を目指し、より多くの人を救える力を身につけていきます。

ユートピア建設

私たち人間は、地上に理想世界を建設するという尊い使命を持って生まれてきています。社会の悪を押しとどめ、善を推し進めるために、信者はさまざまな活動に積極的に参加しています。

国内外の世界で貧困や災害、心の病で苦しんでいる人々に対しては、現地メンバーや支援団体と連携して、物心両面にわたり、あらゆる手段で手を差し伸べています。

年間約３万人の自殺者を減らすため、全国各地で街頭キャンペーンを展開しています。

公式サイト **www.withyou-hs.net**

ヘレン・ケラーを理想として活動する、ハンディキャップを持つ方とボランティアの会です。視聴覚障害者、肢体不自由な方々に仏法真理を学んでいただくための、さまざまなサポートをしています。

公式サイト **www.helen-hs.net**

INFORMATION

お近くの精舎・支部・拠点など、お問い合わせは、こちらまで！

幸福の科学サービスセンター

TEL. 03-5793-1727 （受付時間 火～金：10～20時／土・日：10～18時）

宗教法人 幸福の科学 公式サイト happy-science.jp

教育

学校法人 幸福の科学学園

学校法人 幸福の科学学園は、幸福の科学の教育理念のもとにつくられた教育機関です。人間にとって最も大切な宗教教育の導入を通じて精神性を高めながら、ユートピア建設に貢献する人材輩出を目指しています。

幸福の科学学園

中学校・高等学校（那須本校）
2010年4月開校・栃木県那須郡（男女共学・全寮制）
TEL **0287-75-7777**
公式サイト **happy-science.ac.jp**

関西中学校・高等学校（関西校）
2013年4月開校・滋賀県大津市（男女共学・寮及び通学）
TEL **077-573-7774**
公式サイト **kansai.happy-science.ac.jp**

幸福の科学大学（仮称・設置認可申請予定）
2015年開学予定
TEL **03-6277-7248**（幸福の科学 大学準備室）
公式サイト **university.happy-science.jp**

仏法真理塾「サクセスNo.1」

小・中・高校生が、信仰教育を基礎にしながら、「勉強も『心の修行』」と考えて学んでいます。

TEL **03-5750-0747**（東京本校）

不登校児支援スクール「ネバー・マインド」

心の面からのアプローチを重視して、不登校の子供たちを支援しています。
また、障害児支援の「**ユー・アー・エンゼル!**」運動も行っています。

TEL **03-5750-1741**

エンゼルプランV

幼少時からの心の教育を大切にして、信仰をベースにした幼児教育を行っています。

TEL **03-5750-0757**

NPO 活動支援

学校からのいじめ追放を目指し、さまざまな社会提言をしています。また、各地でのシンポジウムや学校への啓発ポスター掲示等に取り組むNPO「いじめから子供を守ろう！ネットワーク」を支援しています。

ブログ **mamoro.blog86.fc2.com**
公式サイト **mamoro.org**
相談窓口 **TEL.03-5719-2170**

政治

幸福実現党

内憂外患の国難に立ち向かうべく、二〇〇九年五月に幸福実現党を立党しました。創立者である大川隆法党総裁の精神的指導のもと、宗教だけでは解決できない問題に取り組み、幸福を具体化するための力になっています。

党員の機関紙「幸福実現NEWS」

TEL 03-6441-0754
公式サイト hr-party.jp

出版メディア事業

幸福の科学出版

大川隆法総裁の仏法真理の書を中心に、ビジネス、自己啓発、小説など、さまざまなジャンルの書籍・雑誌を出版しています。他にも、映画事業、文学・学術発展のための振興事業、テレビ・ラジオ番組の提供など、幸福の科学文化を広げる事業を行っています。

TEL 03-5573-7700
公式サイト irhpress.co.jp